咱队里的人

毕黎明 主编

山东文艺出版社

图书在版编目（CIP）数据

咱队里的人/毕黎明主编.—济南：山东文艺出版社，2021.2
ISBN 978-7-5329-6293-8

Ⅰ.①咱… Ⅱ.①毕… Ⅲ.①纪实文学—中国—当代 Ⅳ.①I25

中国版本图书馆 CIP 数据核字（2021）第 007688 号

咱队里的人

毕黎明　主编

主管部门	山东出版传媒股份有限公司
出版发行	山东文艺出版社
社　　址	山东省济南市英雄山路 189 号
邮　　编	250002
网　　址	www.sdwypress.com
读者服务	0531-82098776（总编室）
	0531-82098775（市场营销部）
电子邮箱	sdwy@sdpress.com.cn
印　　刷	山东华立印务有限公司
开　　本	710 毫米 × 1000 毫米　1/16
印　　张	17
字　　数	200 千
版　　次	2021 年 2 月第 1 版
印　　次	2021 年 2 月第 1 次印刷
书　　号	ISBN 978-7-5329-6293-8
定　　价	60.00 元

版权专有，侵权必究。如有图书质量问题，请与出版社联系调换。

目 录

序言　向咱队里的人，致敬！　　◎毕黎明 / 1

在田野上，前进！　　◎逢春阶　姜言明 / 13

西张庄村的蜕变　　◎张岚 / 61

破茧化蝶振翅飞　　◎赵启元 / 103

绿色的音符　　◎彭雁华 / 145

她，因"和"而美　　◎杜秋香 / 183

看得见的好日子　　◎杨牧原 / 223

附

　　2018年以来获得的荣誉　　/ 264

序 言

向咱队里的人，致敬！

中共宁阳县委书记　毕黎明

服务队全体队员与东疏镇党委书记合影

向咱队里的人，致敬！

宁阳是大汶口文化的发源地，历史悠久。20世纪中国百项考古大发现之一的新石器时代文化遗址，是宁阳历史长河中的璀璨明珠，见证着宁阳作为人类文明肇始与传承的荣耀，曾经并将永远闪耀历史之光。宁阳的史前文明让人引以为傲，遂公盨上斑锈沧桑的大禹治水记述，诉说着大禹与宁阳的休戚与共；历经风雨沉默无言的周公台，记录着周公东征居宁阳析易作乐、受授嘉禾的千古传奇；郕、刚等春秋战国时期城邑遗址，散发着宁阳敦厚包容的隐逸古风；春秋时孔子在此向学生讲授礼制，传授"酒礼"；汉高祖七年置县，距今有2200多年的历史，也让宁阳配享着全国一百个千年古县的历史荣耀。县域内有修建于公元1275年、全国罕见的"二梁不在大梁上"的元代建筑颜子庙，有始建于唐代、泰安市仅存一处的尊孔祭孔的宁阳文庙。宁阳人杰地灵，西汉"大夏侯学""小夏侯学"创始人夏侯胜、夏侯建,东汉"建安七子"之一的刘桢均是宁阳人士。宁阳还有由不同村落组成的聚集村落,如"十八黄茂""十八大伯""十八青川"等,它们与众多的历史古迹、秀美的文化建筑、英才先圣的乡风古韵等一脉相承,处处承载着宁阳厚重的人文血脉,无不见证着宁阳的丰饶沧桑。

历史的车轮滚滚向前,书写宁阳今天辉煌的当属与时代同行的建设者,比如本书我们将要推出的楷模群像——咱队里的人。他们鲜活、生动、感人的工作实践,充分展现了各级干部群众认真贯彻落实习近平总书记视察山东重要讲话和对山东工作重要指示批示精神,认真落实省委开展"万名干部下基层"决策部署,彰显了宁阳县、镇、村各级干部的工作风采,展现出东疏镇作为泰安市乡村振兴先行区的典型性、先进性,提供了可复制、可推广的范本样式,探索出了一条乡村振兴的基本路径。

2018年的金秋十月,山东省派驻宁阳县乡村振兴服务队闻令而动,满载着省委、省政府的重托,风风火火地投身于宁阳县乡村振兴发展实践。两年多来,服务队全体队员以专业的眼光、扎实的举措、务实的作风,深入基层一线调查研究,积极主动争取政策和资金,引进信息技术,为发展规划铺路,协调推进重点项目建设,为促进东疏镇乡村振兴和宁阳经济社会发展做出了积极贡献。从省城到乡村,两年时间内,服务队队员没有因环境和角色的变化而忧惧,没有因任务艰巨而退缩,服务队各位同志在远离家人的情况下,不讲条件,不计得失,展现出良好的精神风貌和崇高的境界觉悟。群众的心中有杆秤,能够称出责任、担当和

服务队全体队员参加省动员大会

实干,更能称出成绩、变化和实惠。老百姓用朴实无华的肺腑之言,赋予省派宁阳县乡村振兴服务队一个充满乡土气息的亲切称谓——咱队里的人。

实施乡村振兴战略,是党的十九大做出的重大决策部署,是中国特色社会主义进入新时代做好"三农"工作的总抓手,是解决农业农村突出问题、推动城乡一体化发展的根本途径。打造乡村振兴的齐鲁样板是习近平总书记交给我们的重大政治任务。宁阳县委、县政府聚焦"五个振兴",以建设乡村振兴先行区为引领,着力抓重点、补短板、创特色,致力于打造乡村振兴的"宁阳典范"。在这一伟大而温暖民心的宏大工程中，"咱队里的人"像舵手，更像耕牛，将各级党组织的政策落地，将自己的心血和汗水变成一粒粒种子，撒播于宁阳希望的沃土。

省派宁阳县乡村振兴服务队入驻东疏镇以来，按照省委部署要求，牢记"助力乡村振兴，决胜脱贫攻坚"职责使命，自觉接受泰安市和宁阳县党委政府领导，紧盯地方需求和群众期盼，全身心投入基层，全过程协调服务，全方位助力振兴，紧紧依靠东疏镇和服务村党组织开展工作。按照"规划先行、分步实施、夯实基础、全面推进"的服务工作思路，与镇村干部群众一道解放思想、统一认识，探讨乡村振兴的方向目标和实现路径。两年来，东疏镇在乡村振兴服务队帮扶和山东省农科院支持下，探索出一条"让农业借助科技的翅膀腾飞起来"的乡村振兴之路，为打造乡村振兴齐鲁样板贡献了优势突出、特色鲜明的"东疏模式"。

"咱队里的人"聚焦规划先行，健全完善乡村振兴规划体系。宁阳县对乡村振兴高度重视，从战略和全局的高度，精心谋划县域乡村振兴的蓝图，抓规划，抓产业，抓全方位、全路径的发展和振兴。省派服务队按照县里的统一部署，立足东疏镇经济社会发展全局和乡村振兴实际需求，委托专门机构编制《五村乡村振兴规划》和《东疏镇乡村振兴规划（2018—2022）》，结合乡村振兴示范区自然条件和长远发展需求，深入挖掘当地历史文化资源，编制了《"十八黄茂"乡村旅游综合体建设发展规划》，拟连片开发乡村旅游。根据人居环境整治和美丽乡村建设要求，按照"连点成线、扩线成面、辐射周边"的发展思路，服务队和镇党委政府又为包括五个服务村在内的乡村振兴示范区内的十个村逐一编制了《美丽乡村建设规划》，最终形成了点面结合、远近适合、发展融合的"1+1+10"的总体规划体系，历时半年完成了东疏镇乡村振兴整体规划和服务村及片区专项规划，确定了镇村和示范区乡村振兴的方向和实现路径。

"咱队里的人"聚焦产业振兴，加快推动乡村三产融合发展。宁阳县委、县政府深入学习贯彻习近平总书记关于"三农"工作的重要论述，贯彻农业农村优先发展总方针，把实施乡村振兴战略作为重大政治任务和新时代"三农"工作的总抓手，摆在经济社会发展的优先位置来抓，农业农村工作保持了平稳较快发展的良好势头。全县粮食综合生产能力稳步提高，蔬菜、苗木花卉、林果、畜禽养殖等四大主导产业蓬勃发展，新型经营主体发展步伐加快，农村基础设施建设不断完善，农业产业结构不断优化，产业融合不断加快。宁阳县成功进入全国县城新型城镇化建设示范名单，为全省十个入选县市区之一；被确定为第一批省级农村改革试验区；东疏镇为国家农业产业强镇示范建设单位、山东省乡村振兴"十百千"工程示范创建镇，该镇践行"两山理论"，"一马平川"也有"金山银山"的"东疏样本"进入全省《打造乡村振兴齐鲁样板典型案例》；蒋集镇为泰安市乡村振兴先行区；宁阳县村集体"三资"清理有关做法得到省委副书记杨东奇的表扬。省派宁阳县乡村振兴服务队围绕服务村的产业特色，立足集体增收和农民致富，引导镇村走绿色高效、三产融合发展之路，培育农村新业态、注入发展新动能，在农业产业上补链强链，提高了农业产业化水平；建立了绿色果蔬园、食药赏特色苗木园、绿色果景园、本草产业园，引导村庄注册成立了农产品加工企业、果蔬种植合作社、特色苗木种植合作社，提升了乡村旅游专业合作社运作水平，打牢了产业振兴的坚实基础。

"咱队里的人"聚焦人才振兴，外引内培，打造乡村人才队伍。 宁阳县一直重视人才工作，对乡村振兴人才，更是全面发掘、支持和培育，出台了一系列政策和措施。省派服务队按照县里的总体思路，坚持刚性育才与柔性引智相结合，"育凤""引智""引凤"同步推进：一方面，深入挖掘培育和充分发挥镇村农企负责人、合作社领头人、家庭农场主和种植养殖大户示范带头作用，带动本土人才素质总体提升；另一方面，根据当地产业需求，对接协调省农科院、山农大、山东鲁研等企事业单位到驻地开展技术指导培训，为产业发展提供智力支持。走科技兴农道路，既是在经济发展新常态下开拓农业发展空间的大势所趋，也是宁阳县农业实施集约经营提升竞争力的自身需求。省派宁阳县乡村振兴服务队对上级政策熟，上接"天线"，下接"地气"，有视野广、思路清、渠道多的优势，以提高农业整体效益、增加农民收入、增强农产品竞争力为目标，拿出服务的实招数、硬办法，做好结合文章，为服务村的现代农业发展注入了更多科技元素；协调省农科院与宁阳县政府签订《战略合作框架协议》，推动东疏镇奶牛协会成功获批全省第二批省级乡村振兴专家服务基地。山东奥克斯畜牧种业有限公司奶牛育种改良示范基地、山东农业大学动物科技学院教学实践基地落户东疏，5600亩的优质小麦原种繁育基地喜获丰收，省农科院、山农大、山东鲁研等单位150余名专家先后200余次到基地开展服务，为宁阳乡村振兴提供了科技支持和智力支撑。

"咱队里的人"聚焦文化振兴,塑形铸魂,培育乡村文明风尚。宁阳县长期坚持塑形铸魂,推进文化建设,大力弘扬社会主义核心价值观。省派服务队结合东疏镇实际,深入挖掘镇村历史文化资源,完成了包括"和"文化、"家"文化、"干"文化、"农耕魂"和"工匠精神"等在内的五个村庄文化主题凝练工作,并以赵茂村为试点,将"和"文化元素嫁接植入美丽乡村打造,建设了"和"文化街道、新时代文明实践广场、党群服务中心、和事佬工作室、农村记忆馆、图书馆、颐乐园、童乐园等文化活动和文明实践场所,增添了村庄文化特色与魅力。

"咱队里的人"聚焦生态振兴,推进环境整治,建设宜居家园。宁阳县委、县政府认真贯彻习近平总书记生态文明思想,树牢"绿水青山就是金山银山"理念,深入实施生态立县战略,全力打造"山青水绿、林丰田沃"美丽家园。以县级生态文明社会创建规划为统领,统筹全域山水资源,立足县域东西狭长的特点,推进"一路通山水,两河润城乡"的生态布局建设:"一路"即全长120余公里的中东部环山路,串联起中东部、南部的山、河、湖,倾力打造生态观光带;"两河"即域内大汶河和洸河,着力打造水生态景观,实现全县"一盘棋"谋划、"一张图"推进。实施总投资13.95亿元的泰山区域山水林田湖草生态保护修复工程,全力推进青山碧水蓝天建设,形成了山水相映、林田相养、河草相润的良好生态。外地客商都夸赞宁阳山好、水好、环境好,岭南园林、东方园林、金螳螂、燕园农业以及中国建材、长城汽车、东风汽车等知名企业纷纷来宁阳县投资兴建项目,良好的生态环境成为宁阳县招商引资的"金名片"。省派宁阳县乡村振兴服务队围绕生态振兴要求，与镇村干部群众一起积极推进美丽宜居乡村建设，指导服务村进行坑塘改造、荒片治理和违建整治，盘活闲置资源，建设起一批生态荷塘、口袋花园、绿色小广场等利民惠民项目。东疏镇顺势提出实施"万树村"工程，既盘活了闲置资源为集体增收，又带来了良好的生态效益。赵茂村被评选为全国1000个乡村治理示范村之一，前张庄村分散式污水治理模式得到省政府领导的肯定并要求完善提升后加以推广，胡茂村被确定为第二批省级美丽村居建设试点。

"咱队里的人"聚焦组织振兴，坚持党建引领，激发组织活力。党的建设始终是一切工作健康发展的组织保障，发展是第一要务。服务队坚持以党建引领服务，以制度规范工作，以机制保障服务，入驻后第一时间成立临时党支部，制订学习、宣传、财务、会议、联系人等五个专项规定，实行"1+5+10"服务机制，加强纪律作风建设，落实八项规定要求，自觉接受监督，用辛勤汗水浇灌收获，以苦干实干笃定前行，展现了同频共振、勠力同心的强大力量，树立了不等不靠、克难攻坚的奋斗姿态。在服务工作中，坚持党建引领，以乡村组织振兴保障乡村全面振兴。一方面，紧抓服务村"两委"班子成员这个关键少数，引导他们特别是支部书记解放思想、更新观念，通过走出去、引进来、深下去，对标先进学经验、对接需求寻支持、对照差距补短板，形成一心一意谋发展的良好氛围。另一方面，大力培育农村经济合作组织，落地一个集体产业项目，就引导成立一个由村党支部领办的专业合作社或公司制企业，并按照"一个党支部一座战斗堡垒、一个党小组一支突击队、一名党员一面旗帜"的农村基层党建理

在东疏镇大伯集村华东野战军"攻济打援指挥部"向党旗宣誓

念,强化党建引领和党员作用发挥,探索实践了"党小组建在产业链上,党员聚在产业链上,村民富在产业链上"的"党小组+"的基层党建模式,并以此为素材,在《支部生活》刊发《宁阳:党小组成为产业发展"突击队"》的文章,介绍东疏镇探索乡村组织振兴经验。

决胜全面建成小康社会、推动经济发展行稳致远,离不开省直部门、省派服务队的支持和帮助。两年服务期将满,"咱队里的人"成了名副其实的"宁阳人",我们希望也有理由相信,这只是一个逗号。省派宁阳县乡村振兴服务队全体队员定然会把宁阳当作第二故乡，继续发挥站位高、视野宽、人脉广、资源多的优势，在产业发展、项目引进、技术推广等方面，继续给予指导和帮助，持续为宁阳县乡村振兴提意见，贡献智慧和力量，继续为宁阳经济社会高质量发展建言献策，提供更大支持。宁阳县各级各部门将按照省委"重点工作攻坚年"要求，统筹疫情防控和经济社会发展，抓紧抓实"六稳""六保"工作，以省派服务队为标杆，进一步强化机遇意识，树牢奋进之志，凝心聚力、攻坚克难、拼搏进取、实干争先，奋力谱写宁阳经济社会高质量发展新篇章。

行文至此，我们不禁要问，"队"是什么？"队"是乡村振兴大业中创新创业的阵地和舞台，是党与人民群众连心、暖心的桥梁和纽带。说到底，"队"是"支部建在连上"在乡村振兴中的最新探索，是将党的优良传统和作风扎根于最基层的生动实践，是穿越时空的理论生发和组织创新。"队里的人"是谁？他们是以服务队队员和服务镇村干群为代表的，响应各级党组织号召，将心血和汗水根植于田间地头的先锋模范。宁阳人民并且不仅仅是宁阳人民，定然记住了他们的名字——贾无、李华、张继文……而他们的名字有一个共同的称谓，便是新时代大写的共产党员和奋斗者！

致敬，向时代，向楷模，向所有"咱队里的人"！

2020年9月于宁山之阳

在田野上，
前进！

——山东省派驻宁阳县乡村
振兴服务队印象记

逄春阶 姜言明

最应该记住的最易忘记，
谁记得母乳的甜美滋味。
最应该感激的最易忘记，
谁诚心亲吻过亲爱的土地。

——引自秦兆阳的《大地》

服务队全体队员在驻地合影,从左向右依次为刘洋、马卫明、孔琪、邵卫东、李华、贾无、张继文、张林、赵而祥、高新昊

在田野上，前进！

——山东省派驻宁阳县乡村振兴服务队印象记

有些瞬间，注定要终生铭记。

2013年11月27日下午，习近平总书记来到山东省农业科学院，视察智能化温室和省农村农业信息化综合服务平台，了解依靠科技创新促进农业发展和农民增收的情况。担任省农科院党委委员、副院长的贾无，现场聆听了总书记对科技工作者服务"三农"的殷切希望，与总书记握手的瞬间，他感受到了肩头沉甸甸的分量。

贾无清晰地记得，总书记说，要给农业插上科技的翅膀，按照增产增效并重、良种良法配套、农机农艺结合、生产生态协调的原则，促进农业技术集成化、劳动过程机械化、生产经营信息化、安全环保法治化，加快构建适应高产、优质、高效、生态、安全农业发展要求的技术体系。

2018年10月8日，作为省派宁阳县乡村振兴服务队队长，贾无率领九名队员来到宁阳县东疏镇，他脑海里又浮现出五年前总书记视察时的一幕幕场景。

两年时间里，贾无和他的"战友"不忘初心、牢记使命、脚沾泥土、心装百姓，个个成了东疏通、宁阳通、乡村通。

宁阳县委书记毕黎明说，服务队为宁阳乡村安上了加速器，戴上了望远镜，插上了科技翅膀，引导农民融入新时代乡村振兴的洪流，有了做弄潮儿的自觉：挺起硬脊梁，扮靓新名片。

乡村振兴是国家战略，能亲身参与到这个伟大战略中，尽一份心，出一份力，献一份智，机会难得，经历难忘。服务队队员们为此感到无比自豪，以不同方式表达着自己的心声。

"路线图"从模糊到清晰，从平面到立体，从墙上"搬"到地上

贾无和他的队员们以前大都没来过宁阳。贾无说："倒是知道磁窑，因为坐火车常常路过磁窑站，磁窑是宁阳的一个镇，宁阳的东疏镇，是第一次听说。"

2018年9月，山东省委决定，以服务乡村振兴和企业高质量发展为重点，选派千名干部下基层，成立100个服务队。省派宁阳县乡村振兴服务队就是百分之一，服务队由来自八个单位的十名队员组成，贾无担任队长，重点对接服务东疏镇及五个行政村。

服务队到达宁阳第一周，就成立临时党支部，建立健全自身

建设体系,构建了包括工作制度和专项规定在内的制度保障机制,明确了党内分工与业务分工相结合、个人分工与团队协作相统一,"每村一名联系人、五名支委各负其责、十名队员齐心协力"的服务工作机制,打造服务基层"突击队"。

"我们的定位很明确:指导不领导,献策不决策;帮办不包办,服务不干预。"贾无说。

要服务,先融入;要融入,先深入;要身入,更要心入。服务队以最快的速度,熟悉东疏的过去和现在。

东疏镇党委委员、副镇长刘加芬记忆尤深:自打进村见面的第一天,贾无便收起了在机关常穿的西装,换上休闲服;来自省委宣传部和省法院的"老军转"张继文、赵而祥换上白压边老布鞋;队员们各自进入所联系村,成了"坐地户"。

贾无办公室里挂上了宁阳县和东疏镇的地图,队员们经常看着地图,商量东疏的大事小情。赵茂村、胡茂村、刘茂村、前张庄村和西张庄村……伴着美丽的传说,"十八黄茂"这片区域,一天天在服务队队员的心里清晰起来,嘴里经常"茂"啊"茂"啊地说得很顺溜。

要融入,先沟通,要听得懂当地人说的话,而自己说的话,也得让老百姓听得清楚、听得懂。讲求生动活泼的表达技巧,把握恰到好处的时机火候,使讲话鲜活起来、生动起来,老百姓才乐于接受。

东疏镇党委委员赵海燕,是与服务队打交道最多的镇干部之一,她本人就是东疏镇赵茂村人,说起服务队来赞不绝口:"他们来了之后,十个人十辆自行车,马不停蹄下村调研,一下子就感动了我们。后来，不光是服务村的事他们上心，镇上有事他们也是搭上精力和人情，全力以赴。"

自从进驻宁阳，服务队队员每天步数平均一万多，多的时候超过两万。

深夜，忙碌了一天的队员孔琪，一躺下就开始刷西张庄村村民微信群。三十多年的记者生涯让来自省广播电视台的他成了闲不住的人。刚到所联系的西张庄村，老孔就让村支书杜华邀请他加入村里的微信群。打那以后，老孔成了群里最活跃的人：和村民拉家常，宣讲最新政策，听取热心村民提出的问题和建议。"别看群里插科打诨，反映的是社情民意，是村民的急事、难事、烦心事。"孔琪说。

有一次，来自省法院的队员李华和省委组织部优选计划选调生刘洋在村里调研，看见几位妇女在地头捡豆子，他俩便掏笔拿本上前，没承想，几位妇女只顾低头忙活，不爱搭腔，一脸疑惑不解：你们这些当官的问这做啥？庄户人，就是辈辈土里刨食。你们看不见吗？

妇女们的态度，让李华和刘洋感觉如寒天兜头淋冰水。

"70后"李华二话不说，拉着"90后"小伙刘洋弯下腰帮她们捡豆子，一连干了个把钟头，直到妇女们起身将豆子装兜。颇觉难为情的妇女们便主动和他们聊起种地的事，还掰着手指给他俩算一年种地的收入。

陌生人之间的戒备心在消除，心在一点点地贴近……

通过前期调研走访、和村干部座谈，服务队发现一些村干部、群众存在"等靠要"思想。翻看贾无的工作日志，可以看到这样的记录:"对于这次服务队进驻,一些村干部和村民的认知还停留在多年前的扶贫老观念上,简单地认为服务队的职责就是拨款修路打口井,访贫问苦送温暖。这次乡村振兴得帮村里先搞产业振兴,得尽快帮各村找到适宜的好产业,让乡亲们的腰包鼓起来!"

三个月后,带着泥土气息的五个村的调研报告出来了,调研过程扎扎实实,写起来自然实实在在,打眼一看,就不是官样文章,是脚力、眼力、脑力催生的管用的"村CT"报告。队员们对五个村的基本情况、产业基础、基础设施建设、优势资源、脱贫及低保情况、主要困难和问题、发展愿景等都了然于胸。

乡村振兴,不是一朝一夕的小事,而是利国利民的大事。加快补齐农业农村发展短板,顶层设计尤为重要。

"服务队来的时候,也正是我们围绕乡村振兴谋篇布局的时候,服务队带来的理念、智慧、人脉等资源,迅速发挥了作用。"时任东疏镇党委书记范长征说,"这第一枪,就体现在提升我镇乡村振兴规划的前瞻性、科学性和可行性上。"

规划科学是最大的效益,规划失误是最大的浪费。编制一个立足全局、切合实际、科学合理的发展规划,有助于充分发挥县域融合城乡的凝聚功能,统筹合理布局城乡生产、生态、生活空间,加快促进城乡要素双向流动,推动农业全面升级、农村全面进步、农民全面发展。

在深入调研和对标考察学习的基础上,服务队按照"规划先行、分步实施、夯实基础、全面推进"的工作思路,引入山东省农科院可持续发展研究所规划团队,为服务对象赵茂村、胡茂村、

"十八黄茂"乡村旅游综合体入口

刘茂村、前张庄村和西张庄村提供公益性咨询服务，编制了《五村乡村振兴规划》。

随后，紧抓泰安市规划布局十大乡村振兴先行区的有利时机，配合镇党委政府成功申报乡村振兴先行区，并根据镇村发展需求，又编制了《东疏镇乡村振兴规划（2018—2022）》，统筹布局全镇"五大振兴"。

同时，服务队配合镇村深入挖掘当地自然和历史文化资源，委托专业规划设计团队编制了《"十八黄茂"乡村旅游综合体建设发展规划》，作为先行区建设发展总抓手；根据人居环境整治和美丽乡村建设要求，为先行区内十个村逐一编制了《美丽乡村建设规划》，形成了点面结合、远近适合、发展融合的"1+1+10"规划体系。前两个1即省农科院可持续发展研究所编制的《东疏镇乡村振兴规划（2018—2022）》和山东三川环境艺术开发有限公司编制的《"十八黄茂"乡村旅游综合体建设发展规划》；10即10个村的《美丽乡村建设规划》。

规划的编制为东疏镇描绘了乡村振兴的新愿景，明确了乡村振兴的发展方向和实现路径。

乡村振兴，样板先行。东疏镇的这个样板，就是以黄吴路为主要轴线，西起胡茂村、刘茂村，东至庞庄村，跨越赵茂村、杜茂村、西张庄村、前张庄村、后张庄村，串点成线、汇线成面打造的"十八黄茂"乡村振兴先行片区。根据片区十个村的不同特色，按照生产生活生态"三生同步"、一二三产业"三产融合"、农业文化旅游"三位一体"的发展定位，植入多元业态，激发乡村活力，形成了"突出重点、组团提升、连片发展"的发展策略。

值得一提的是，他们在编制规划时，一方面，牵线搭桥，邀请多家专业规划设计团队到东疏镇和服务村实地考察了解、深入分析研判，邀请科研院所、涉农高校、大型农企的农业经济专家、科技专家和企业家号脉把关，邀请省市县农业农村、文化旅游等有关部门的专家具体指导，同时还与镇村干部一道走出去，考察学习先进地区镇村发展的成功实践。另一方面，他们牢记农民是乡村振兴的主体，基层干群是乡村振兴的主力军，牢牢把握健康有序进行的要求，坚持敞开大门编规划，充分发动群众参与，广泛听取群众意见，不断完善顶层设计，真正使规划编制的过程成为宣传群众、发动群众、组织群众参与乡村振兴的过程。

规划引领是打造乡村振兴齐鲁样板的基本前提，也是建设美丽宜居乡村必须坚持的重要原则。省派宁阳县乡村振兴服务队的实践证明，只有坚持规划先行、精准施策、分类推进，美丽宜居乡村建设才能方向清、可持续、有活力。

东疏镇村发展的"路线图"从模糊到清晰，随着时间的推移，这幅美丽图画，又从墙上"搬"到了地上，从平面变得立体。

服务队队员李华说："我们有幸成为见证者，能够在这个过程中亲眼见到、亲身感受到乡村正在一点点发生变化，自己能够参与和助推这样的变化，内心的满足感和愉悦感是无法形容的。"

单一的绿化树模式走不通了，能否找到能食、能药、能赏的"摇钱树"

我们还是第一次听说北京和南京之间还有个"中京"一说。中京就是宁阳，依据是宁阳距北京和南京都是450公里。宁阳境内还有"至京山"，民间还有很多有关中京的传说。

宁阳气候适宜，是南北苗木驯化带。这里培育的树木，既适应南方的炎热，也适应北方的严寒。南方的苗木在这里驯化三五年，推广到北方；北方的苗木在这里驯化三五年，推广到南方。

刘茂村党支部书记刘道令今年56岁，做过乡村医生、村党支部副书记，2010年当上村支书，他对村里的事可谓了如指掌。他告诉我们，从1993年底开始，村里划出37亩地种植国槐、冬青等苗木。"村里租了两辆车去苏北的沭阳参观,有六七十人,为了节省费用,早晨3点钟就出发。"到2001年,苗木规模已达1500亩,成立了九家苗木绿化公司,对外销售苗木、承揽绿化工程,还吸引了北京东方园林、济宁东华园林公司入驻。

目前,全镇绿化苗木已发展到了4万余亩,苗木市场处于饱和状态,销售难成了最头疼的事。

"就在这个关口,省乡村振兴服务队来了。"刘道令说。

2019年,服务队多次带领刘茂村干部群众到潍坊、淄博、日照、青岛等地考察苗木产业。

服务队队员赵而祥回忆:"省内苗木发展先进地区几乎都去过。"

刘道令印象最深的一次是2019年9月份,服务队带领刘茂村"两委"到菏泽市牡丹区学习牡丹、芍药、丹参、金银花种植,到菏泽市鄄城县、临沂市平邑县北水崖村皂角树种植基地实地考察。

单一的绿化树模式走不通了,能否找到能食、能药、能赏的"摇钱树"?

经过多次考察,他们决定把皂角树作为主栽品种。皂角树浑身是宝,皂角、皂角刺、皂米、皂荚子,以及皂角树皮、树叶、树根都有药用价值。

贾无说:"皂角树项目,有一二三产业融合的空间。育苗、定植、移栽、采摘刺荚等等,这是一产;加工皂荚、皂皮、皂角刺,剥取皂米、加工皂粉、制作护肤品、提取天然活性物质等,这是二产;最重要的是可以开发旅游产品,搞乡村旅游。"

让刘茂村吃下定心丸的,还是专家的表态:皂角树种到哪里,技术支持就跟到哪里!

专业的事，专家办。服务队帮着先后邀请了省果树研究所党委书记陶吉寒研究员，省农科院农产品研究所党委书记、省现代农业产业技术体系中草药产业创新团队首席专家王志芬研究员，山农大皂角研究专家刘国兴教授，山东省林木种苗协会会长、威海奥孚苗木繁育有限公司李元董事长，林学科班出身、山东三川环境艺术开发有限公司闫恩贤董事长，反复论证。

260亩的皂角树示范区已经在刘茂村规划好。"每亩地种植55棵皂角树，亩产值能在5000元以上。"刘道令说，"如果规模扩大到1000亩，就可以搞加工生产了。"

特色苗木园，在刘茂村只是一个点。根据规划，东疏在全镇实施"万树村"行动，鼓励在房前屋后、路渠沟边和荒坑荒片种植皂角等树种，让东疏成为苗木海。

打好产业融合发展"组合拳"。服务队围绕村集体增收和农民致富，引导镇村走绿色高效、三产融合发展之路，大力培育农村新业态，注入融合发展新动能。结合各村产业基础及发展愿景，按照"一村一品"的思路，指导五个服务村新上集体产业项目。目前，所有服务村集体产业项目均已开始产生经济效益和社会效益。

他们在调优一产上下功夫。引进新品种、新技术、新模式，调优种植结构、品种结构、种植模式、经营模式。

围绕提高土地种植效益调优种植结构。引导发展果树采摘、宠物饲草、药用植物等种植效益高，兼具观赏价值的农作物或经济作物，向结构调整要效益。

围绕稳定粮食生产调优品种结构。大力推广普通小麦向优质小麦升级，常规玉米向粮饲兼用玉米转变，常规苗木向高端苗木

"十八黄茂"食药赏特色苗木园

和综合效益高的食药赏特色苗木转型,向质量要效益。

围绕增产增效调优种植模式。引导发展设施蔬菜、设施果树,引进了粮油间作、林药兼种、种养结合等产出效益更高的栽培模式进行示范带动,向技术要效益。

围绕提高农业生产组织化水平调优经营模式。指导服务村成立专业合作社、公司制企业等新型农业经营主体,规范专业合作社和公司制企业经营,推进农产品品牌建设,注册了"十八黄茂"农产品商标,申报绿色农产品,向管理要效益。

除食药赏特色苗木园外,西张庄村规划建设的150亩绿色果蔬园已投产43亩设施蔬菜，并为主栽品种之一的黄瓜申请了绿色农产品认证，实现当年投产当年收益，到2020年上半年已实现收入60万余元，棚均产值7万余元。目前，园区基础设施完善、景观提升和二期四个大棚建设工程业已完工。胡茂村4000平方米的绿色果景园设施果树采摘项目和20亩的猕猴桃、葡萄与绿化苗木套种项目也已投产。先后开展粮油间作、林药兼种、种养结合等农业生产新模式试验示范150余亩。

改"输血式"帮扶为"造血式"振兴，关键在于激发当地百姓振兴的内生动力。但在一些具体看法上，一些村干部和群众还存在思想偏差。改弦易调，需要耐心。

2019年春，在省农科院工作近三十年的贾无到前张庄村老吴的麦地里看这茬麦子的长势。"麦子品种还是省农科院二十多年前研发的，省内多地已用新品种进行了替代。只因附近有家企业常年收购，一心求稳的村民便常年种植。"分管农业的副镇长刘涛介绍说。

为打消村民对换麦种的顾虑，服务队邀请山东鲁研农业良种有限公司和省内粮食加工龙头企业到村里考察，初步和村民达成订单种植协议，尝试给当地农副产品打开新渠道。有了保障，老吴等村民卸下了思想包袱，舒展开皱着的眉头，当年坦然地换了麦种。

通过交流，我们了解到，服务队配合东疏镇成功申报并实施了国家财政支持1000万元的农业部优质小麦一二三产融合发展"农业产业强镇"示范项目，当年2600亩的高强筋优质小麦济麦44号原种繁育和1.5万亩优质小麦喜获丰收，并实现了优质优价。

再经过未来两年的努力,当地种植了近二十年的小麦老品种有望全部被高强筋优质小麦济麦44号替代。

农民种的是土地,看的是事实,最看重的还是结果。

换的是生长希望的种子,但换的岂止是种子?

神奇不?村边破天荒长出了"有限公司"的牌子

一股干草的清香扑鼻而来,不是在暴晒的场院里,不是在尘土飞扬的仓库里,而是在窗明几净的车间里。我们闻到的是烘干的宠物饲草——猫尾草。几天后,欧洲人豢养的宠物嘴里,就有了前张庄村的味道。

站在宠物饲草和中草药烘干加工车间门口,前张庄村党支部书记吴月军说:"眼前的这一切就跟做梦一样。不,连做梦都没梦到俺村会有个本草园。"

吴月军是个寡言少语的人,自从服务队来了,慢慢变得话多起来,做群众工作的水平也有了提高。他说:"我和村民一开始开拓和创新意识还比较差,心想,把省帮扶的200万元资金,投到公司去分红,多省心啊。这是懒人懒办法。不能这样,要发展,就得解放思想。村里连续召开村民大会,统一思想,慢慢改变了大家的想法。要上项目,搞产业。"

前张庄村本草园,是服务队指导帮助建成的产业项目,总投资260万元,其中省帮扶资金200万元,村集体自筹资金60万元。目前,已建成宠物饲草和中草药烘干加工车间500平方米,鲜草仓库1000平方米，成品仓库300平方米。村里利用流转和自有土地147亩，种植了黑麦、猫尾草、苜蓿等饲料作物及金银花、菊花等中草药。当下加工的饲草是宠物兔、龙猫、豚鼠等食草性宠物的主要饲料，通过与乐陵多家公司合作实现订单销售。该产业项目的建成投产，调整了村里的农业种植结构，增加了村集体和农民收入。

我们翻看服务队给前张庄村做的"体检报告"，其诊断可谓一针见血：该村土质优良，可连片耕种，全部能够达到旱能浇、涝能排的标准……但该村没有支柱产业，没有村集体产业，只是靠出租（20余亩荒地以及鱼塘和校舍）来创收。

服务队入驻东疏镇后，结合前张庄村产业基础及发展愿景，带领前张庄村干部群众到外地学习考察十多次。要想让新观念落地生根，需要耐下性子，花上心思，为"硬"道理寻找"软"突破。

有一天，贾无翻看《大众日报》，无意中浏览到德州乐陵宠物饲草走俏全国的短消息，他忍不住又细细看了一遍。近年来，我国宠物市场的规模在不断扩大，宠物经济悄然兴起。宠物饲料作为宠物的刚性需求，在行业中份额占比最高达34%。其经济效益比规模化牧草种植高5—10倍，但目前国内以苜蓿、猫尾草等优质饲草为原料加工宠物专用饲料的企业还很少。

"还很少……"盯着报纸，贾无陷入沉思，可否从这里打开突破口？随即，他走进高新昊的办公室向他了解具体情况。高新昊是省农科院的专家，服务队唯一的博士、三名教授之一。

无巧不成书，经过了解得知，乐陵的小草产业，跟贾无所在的省农科院有关。省农科院的专家团队在乐陵重点开展苜蓿、黑麦、猫尾草等牧草、宠物饲草种植与生产栽培及加工利用,进行小麦"粮改饲"栽培及加工利用技术研究与示范,探索"合作社+农户"小规模牧草种植高效生产利用模式。

太好了,别等了!第二天,高新昊就和来自省戒毒监测治疗所的服务队队员邵卫东带着前张庄村"两委"成员风风火火地赶赴乐陵。

前张庄村建本草园的想法产生了。

高新昊又专门邀请省农科院可持续发展研究所研究员、省牧草产业技术体系岗位专家贾春林以及多位中药材专家,多次到村调研指导。从本草园项目可行性分析到加工区建设,从饲草品种选择到种植,从设备选用、实地考察到洽谈磋商,服务队同镇村干部抢抓农时,全力以赴推进项目建设。

"建本草园,老百姓一开始也没有信心,祖祖辈辈种粮食换钱,都是除草,哪有种草的?草害粮食啊!后来通过一系列的思想工作,大家才慢慢统一了认识。去年10月,我们流转土地147亩,开始种植。"吴月军说。

春节过后,正值防治新冠肺炎疫情的关键期,服务队与县镇领导就烘干加工设备运输准入和异地工程技术人员进村安装等问题进行反复沟通、拟订预案,确保复工复产与疫情防控两不误。

烘干设备从江苏盐城运到村里,技术人员在隔离状态下安装。服务队队员邵卫东跟技术人员待在一起两天一夜,第一个学会了烘干技术。

两批烘干设备及时安装到位并投入生产了……

3月6日开始收割鲜草,3月11日开启烘干加工,5月6日

前张庄村村民正在收割黑麦

第二批猫尾草开始收割，两个月时间，前张庄村本草园销售鲜草5万斤，干草2.3万斤，半干草1.8万斤，为村集体增加收入30万元，直接为村民增加收入3.6万元。

6月2日，我们来采访的时候，第二套烘干设备已经启用，前张庄村本草园第一茬苜蓿和第二茬猫尾草的收割和烘干加工已经完成，预计今年苜蓿还能收割5茬，猫尾草还能收割1茬，黑麦还能收割1茬，在产能富余的情况下，还能对外提供烘干加工服务。

看着村里日益红火的生意，越来越多的村民找到村"两委"，希望来年能够承包饲草的种植。下一步，本草园将根据市场行情择机扩大产能，让更多农民种上"致富草"。

我们看到，前张庄村有两个公司，分别是宁阳县丰汇农业发展有限公司和宁阳县通源环保科技有限公司。两块牌子很醒目地立在村头。

吴月军说："俺村里，这是第一次出现'有限公司'的牌子。丰汇农业发展有限公司，搞本草园的宠物饲草加工；而通源环保科技有限公司，搞分散污水处理，不但我们村实现了全覆盖，还负责周围村庄的污水处理。"

服务队队员高新昊说："乡村振兴，产业振兴是基础，培育二产，说起来容易，做起来非常难。我们主要是引导村庄做大做强传统加工产业，新建农产品加工企业。前张庄村的宠物饲草加工，是一个成功的探索。"

赵茂村服装文化园扩建新厂房现已正式投入使用。

我们在赵茂村服装文化园看到，车间里的工人正佩戴着口罩，缝制颗粒绒外套、红酒手提袋等产品。这些员工都是本村的留守妇女，在家门口工作，既不耽误照顾家庭，又能增加收入。赵茂村的服装文化园，支撑主体是宁阳顺盛服装有限公司。总经理赵成清说："去年我们在服务队和村'两委'的指导帮扶下，投资310万元，新建钢结构厂房2600平方米，现在已经正式投产，工人们正在加班加点赶制出口的订单。疫情期间，我们转产医用服装产品。疫情结束后，可解决劳动力150余人。增加村民收入的同时，每年还能为村集体增收20万元。"

来自泰安荣军医院的服务队队员张林介绍："为配合'十八

黄茂'乡村旅游综合体建设，下一步将对公司厂区环境进行景观化改造，使其成为集服装加工生产、创意设计、艺术欣赏、文化展示、商业互动、旅游体验于一体的服装文化园，推进二产三产融合发展，打造'十八黄茂'乡村旅游景区新地标。"

赵成清满面春风，源源不断的订单，把他两个月前脸上能拧出水来的表情给刮走了。

旧轮胎，不能跑了，但新理念让它又"转"起来……

胡茂村村支书吴延春是个"摁不住的小皮球"，已经57岁的他依然活力四射，说话语速快，走路也快。另外，我们发现，他微信发得也早，朋友圈里每天早晨5点左右就能看到他发的微信，发的全是他们村的信息。这几年，他带领群众搞乡村旅游，尝到了甜头，去年收益60多万元。

胡茂村过去是一个闭塞的小村子，处在一片涝洼地里，海拔在宁阳最低，不靠山不靠水。下雨下雪时，百姓走起来水一脚、泥一脚。要想富，先修路！可全村4000米长的路，需要全部清扫干净铺沥青，不少建筑队嫌量大活累故意抬高价格，吴延春当即拍板，不能多花集体一分钱，班子成员自己干。在他的带领下，30多摄氏度的高温天，村干部一人一个鼓风机清理路面，衣裳湿了干、干了湿，和皮肤粘在一块，头发都被灰尘糊满，就和戴了帽子一样，喝的水再多，一天也不上一次厕所。正是靠着这股干劲，原计划十天干完的工程，一个星期就保质保量完工了，宽阔的沥青路不仅把八方游客请进村,也让美丽乡村的阳光照进了现实。

前些年,村里把土地流转给一家苗木企业,渐渐形成了"四季有绿、三季有花"的景观,但由于配套设施跟不上,很难留住游客。

服务队队员张继文挖空心思想办法,最后盯上了村里的民俗展览馆。他跟吴延春合计,乡村旅游的短板在于缺乏独特的文化加持,缺创意,要挖掘,要培植,要找高人支招。

张继文邀请省文旅专家进村支招:"把民俗展览馆改成民俗体验馆,建设研学基地!"

展览馆内的马灯、石碾、风箱、纺车等老物件,可都是村干部费尽周章收集来的宝贝。

张继文又找了个机会,带着镇村干部去了位于青岛市黄岛区的山东非物质文化遗产展示体验中心,这一趟算是让干部们开了眼。"一样是农村老物件,人家玩体验搞'活'了,土家伙也能这样'高大上'。"一位去"取经"的村干部忍不住称赞。破解多年发展难题,不仅村干部有顾虑,一些村民同样也有担心。

为了更好地发展乡村旅游,服务队与镇里一道为胡茂村成功申请了山东省第二批美丽村居试点村,邀请专业规划团队为胡茂村编制美丽村居建设规划。

针对胡茂村的绿色果景园适宜采摘品种选择与种植、建设与管理等问题,省果树研究所的专家隔三岔五来村考察指导。服务队队员马卫明是来自山东农业大学动物科技学院的兽医专家,因为联系胡茂村,慢慢也成了"果树专家"。

请进来,也要走出去。服务队带领胡茂村"两委"班子先后赴省果树研究所、济南市历城区、泰安市岱岳区和泰山区、济宁市汶上县等地广泛考察学习。

绿色果景园一期投资118万元建设的两个4000平方米的冬暖式日光温室，已经种上了高端葡萄，草莓和花草还能错季套种。二期投资158万元建设的猕猴桃观光采摘与高规格景观树兼作项目，也冲破疫情影响，不到两个月时间全部完成。

我们在胡茂村看到，村街道两边是埋一半在地里，染成红、黄、绿、紫各种颜色的废旧轮胎，这是一道吸引人眼球的独特风景线。吴延春说："搞乡村旅游，服务队给我们开了脑筋，要吸引眼球，就要独一无二。废旧轮胎不怕撞，撞了也不伤害车。"

旧轮胎，不能跑了，但新理念让它又"转"起来……

服务队利用省财政帮扶资金，为五个服务村量身定制的产业项目已全面开花，除了胡茂村的绿色果景园，西张庄村的绿色果蔬园、前张庄村的本草产业园、刘茂村的千亩食药赏特色苗木园、赵茂村的服装文化园都已有模有样，有声有色，可圈可点。

按照规划，所有项目均预留对接三产或自身向三产融合发展的升级空间，使项目在为片区发展乡村旅游奠定产业基础和底色支撑的同时，又为下一步自身转型升级、调优供应链、延长产业链、提升价值链留出融合发展的对接或转型空间。

三产正在激活。他们独辟蹊径，在没有一座山的平原地带，摸索构建生产、生态、生活"三生"同步发展的乡村旅游新模式，让"一马平川"变成"金山银山"。"十八黄茂"乡村旅游综合体建设初见成效。

五个服务村位于宁阳县最西部，地处宁阳、汶上和兖州三县区交界处，所在片区坐拥两万余亩苗木生产基地，位置优越，交通便利，历史积淀厚重，旅游资源丰富，是西汉名臣疏广、疏受故里，新石器时代文化遗迹、明清古民居、蜀汉名将周仓墓碑、汉墓、五圣庙等人文古迹众多，旅游开发价值大。

"十八黄茂"属当地地名文化。宁阳县地名志记载：最早黄姓在此定居，称黄家堂。明朝初年赵姓由山西平阳府洪洞县迁至兖州府宁邑西黄家堂，时黄氏兴旺，将黄家堂改为黄茂，后赵姓改称为赵家黄茂。随后有三十多个族姓从山西等地慕"黄茂"之名迁此居住，以姓氏加"黄茂"为村名，故有"十八黄茂"之说。

典型的乡村生活、优美的人居环境、浓厚的乡村文化氛围，加上已经基本具备的乡村生产、生态、生活体验元素，优势逐步凸显，一个能够全面展示乡村振兴战略实施成效、视角全新的乡村旅游景点正在蓄势待发。

实施乡村振兴战略以来，五个服务村人居环境改善显著。现已创建全国乡村治理示范村一个，国家级森林村居一个，省级森林村居三个，省级美丽村居试点村一个，省级美丽乡村示范村一个，市级美丽乡村示范村三个。

当前，东疏镇正在全力打造以产业为基础，以自然生态、人文景观、乡村生活为依托，以"十八黄茂"为品牌，独具传统村落特色与时代特征，能够全面展示乡村振兴战略实施成效和发展变化，具有乡村生产、生态、生活体验功能的乡村"三生"旅游新模式。

东疏镇已决定成立"十八黄茂"乡村旅游发展有限公司，进一步完善吃、住、行、游、购、娱、学等基本要素条件，统筹推出旅游产品、开发旅游商品，统筹开发利用旅游资源、健全管理服务体系，打响"十八黄茂"乡村旅游品牌。

文化：美丽乡村建设的根脉和魂魄

村里的公共厕所像城市里的一样干净、清洁，更让我们惊讶的是，每个隔间都有纸巾。而城市里的好多公厕，纸巾盒是空的。

宽敞干净的柏油路两旁统一粉刷的墙面上绘制着"和"文化墙体画，到处弥漫着"和"文化的氛围。厕所里的纸巾，看上去虽不起眼，但恰恰是这个细节，衬托出"和"的意蕴。

这是 2020 年 6 月 2 日下午，我们在赵茂村看到的。

之前，这里完全是另一幅景象。前几年，村里散堆破垛，满是垃圾，虫鼠窜来窜去；雨季里，污水横流，泥泞的路无法下脚。

服务队来到东疏后，注重村庄文化主题凝练。赵茂村以赵姓为主，赵氏族谱开篇讲"和"，能否以赵茂村为试点，将"和"文化元素嫁接植入美丽乡村打造中呢？

规划设计团队到村里考察调研，跟村"两委"协商，跟村民代表座谈，认为"和"文化立得住。2019 年 6 月，赵茂村美丽乡村示范建设开始施工。县领导几乎隔两天就来调度，镇村干部更是靠在工地上，成了义工。赵茂村支部书记赵允金、村委会主任赵文化、服务队队员张林晒得黝黑，皮都脱了一层。不过这些努力是值得的，工程用了不到三个月竣工，群众都说现在村里比城里还漂亮。

在赵茂村新时代文明实践广场庆祝农民丰收节

"和"文化慢慢深入人心。赵茂村村委对面有一棵梧桐树,种植于改革开放开始的那一年,村民给它起名叫"观和桐","观和桐"枝繁叶茂,象征"和"文化根深蒂固。

赵茂村的街头巷尾,三五村民围在一起,欢声笑语不断,呈现出一幅温馨和谐的画面。每一户村民的大门口都挂着星级文明户的牌匾,"每一项得分都是村民评定的,这对村民来说既是一种鼓励,又是一种督促。"赵茂村村主任赵文化说。

赵茂村的颐乐园是村里老人休闲的好去处,棋牌室、书画室让老人乐在其中。村里热心肠的老人还自发组成"和事佬"志愿服务团，充分发挥志愿者的威望、资历、阅历等优势，老有所为，老有所乐。

此外，赵茂村还盘活闲置民房规划建设童乐园，面向村里的儿童开放，设书画室、图书馆、活动室、心灵驿站等，为村里的孩子们提供了一个课外服务站，是孩子们学习玩乐的好去处。

赵茂村的"兴和堂"乡村记忆馆承载了村庄发展的历史，一幅幅老旧照片，展现了不同时期赵茂村的发展轨迹。乡村记忆馆挖掘"和"文化，培育和睦乡风，留住乡愁。

在赵茂村三星级美丽庭院村民李明英的家里，一场别开生面的乡风家风茶话会正热热闹闹地召开，家庭主妇们你一言我一语，谈笑中选出了本期的孝德之星和教育之星。这个村还建立了新时代文明实践站，开展党员之家、好媳妇好婆婆、孝亲家庭、书香家庭、优美庭院、平安家庭、国防家庭评选，评选最美家庭和美丽庭院，家家户户门口挂上荣誉榜，上书家风家训，处处彰显"和"的风气。

"人和""事和""家和""邻和""友和""心和"等"和"元素，增添了村庄的文化特色与魅力。

如今，赵茂村美丽乡村建设试点完成后已成为远近闻名的观摩学习目的地，并被授予"全国乡村治理示范村"。

刘茂村的"工匠"文化灵感来自这个村所保存的清代民居古院落，院落为本村匠人刘焕琚先人所修建，建于嘉庆十一年（1806），距今已有二百多年的历史。幽深的青石古巷、古朴的灰砖青瓦、精美的砖雕花纹，处处透着主人的一片匠心。

服务队帮助刘茂村凝练了工匠精神，高标准绘制了工匠文化主题墙体画，熏陶独创的"匠心"氛围，历练娴熟的"匠艺"，培养专注、敬业、坚持、严谨的"匠人"，涵养村庄的"匠气"，让"工匠精神"理念在村民心田孕育、渗透。现在，东疏镇的小学都设置了泥塑制作实践课。

在胡茂村游客中心竖立着一处泰山"挑山工"主题雕像，棕铜色的五岳独尊造型上，挑山工正在负重前行。"要让年轻人知道，现在的幸福生活都是一代代人干出来的。"85岁的村民闫修德说，"我们村崇尚'干'文化。"

闫修德给游客介绍着扁担、压水井、独轮车等古老的农村物件，讲述着胡茂村的发展变迁。他的院子有一半租给了村里，变成了民俗展馆。

一幅幅泛黄的宣传画，一件件古朴的老物件，一段段激昂的奋斗故事，让游客犹如进入时空隧道，感受当地人热火朝天的干劲。

这个位于三县交界处的小村落，曾经村集体收入几乎为零，人均纯收入只有几百元，全村人靠着一股子苦干实干加巧干的精神，硬是把一个偏远村改造成了市级美丽乡村、国家级森林乡村。

为了传承"干"文化，胡茂人塑雕像，为"干"树碑；设展馆，为"干"立传；讲故事，为"干"铸魂。

"我们现在就认准了一个字——干！"吴延春说。

如今，胡茂村被确定为第二批省级美丽村居建设试点村。

西张庄村的"家"文化，也是逐渐树立起来的。

服务队到西张庄村调研，了解到村民意见最大的是村南的大坑。"夏天雨水积聚招蚊虫，加上许多不自觉的村民往坑里倾倒生活垃圾，整个大坑变得又脏又臭，从这儿路过都要捂鼻子，在这附近居住的人家常年关着窗户。"大坑附近的住户苦不堪言，找到服务队反映这事。每回上头检查，村里就得出钱请人治理。钱花了，却干净不了几天，村南的大坑成了西张庄村发展道路上的"大坑"。

不能简单一填了之，坑也是村庄的"聚宝盆"，得治理发展并举。

服务队实地调研后在村委大院开了个村民代表会议，就像医院里把脉问诊的大夫，为村民开出了新的坑塘治理良方：坑底清淤，部分回填，从干渠引水蓄塘，安装围网，塘内种植莲藕。

初夏时节，我们走进西张庄村，崭新的柏油路干净整洁，翠绿的草木迎风摇曳。村口的绿色果蔬园里，工人们正在忙碌；村南家荷园里新栽植的莲藕"小荷才露尖尖角"；再往北垂钓园里的鲤鱼、鲢鱼游来游去，到处都是生机盎然的景象。

"大坑变荷塘，种上了莲藕，取名'家荷园'。家和才有荷花香嘛，我们以'家'文化为主题，项目一个接着一个干，努力打造兼具旅游观光、休闲娱乐、特色民宿、采摘体验、科普培训等功能的现代农业生态示范园。"西张庄村支部书记杜华说。

西张庄村绿色果蔬园也建成投产，这里是省农科院蔬菜花卉研究所和寿光三元朱村大棚蔬菜的示范推广基地，也是水源保护地。蔬果的生产全程不打农药，只使用有机肥，三元朱村农艺师全程陪同生产。

去年4月以来，西张庄村推进"四好农村路"建设和道路"三通"工程，大街小巷铺设柏油路，"村村通"修建1600米，

"巷巷通"修建3400米，"户户通"修建3300米。干净整洁的柏油路仿若一条条相互连通的新生"血管"，连接着每家每户，构建起内畅外联的交通格局，也为这个小村子带来了乡村振兴的新机遇。

虽然过去了半年，西张庄村村民谈起他们村的春晚，还津津乐道。服务队队员孔琪是这次春晚的策划人之一，他和村"两委"干部商议，决定将晚会主题定为"我爱我家"。村里要办"春晚"的消息一经传出，就得到了大家的积极响应，晚会27个节目大部分由村民自编自演，包括广场舞、独唱、古筝弹奏、魔术、戏曲、吉他弹奏等。

1月28日农历小年那天晚上7点半，随着西张庄村舞蹈队的一支《中国大舞台》广场舞表演，晚会正式开场。在演出现场，时尚歌舞、才艺表演、曲艺魔术等节目轮番上阵，引来群众阵阵掌声。村里的老党员吴正沛自编的方言版三句半《赞西张》，更是将现场气氛推向高潮。"西张面貌有变化，力度还需要加大，村容村貌美如画，给力。"表演者扮相逗趣，戴草帽，扎围裙，表演惟妙惟肖，一出场就引来一阵欢呼声、掌声，自编的台词更是将西张庄村的发展融入其中，既诙谐逗趣又极富宣传教育意义，现场掌声、欢呼声不断。

在晚会现场，全村老少三百多人齐聚在一起。轻松欢乐的节目内容，通俗、接地气的表演形式，让在场观众感受到自家的风土人情和西张庄村"家"文化的魅力。有意思的是，年轻人还搞起了网络直播，让西张庄村在外的游子们感受到浓浓的"家"味。

应邀参加晚会的乡村振兴服务队队长贾无感慨万千："接地

前张庄村粮油间作示范区喜获丰收

气,才能有活力。接地气,就是要把话筒交给老百姓,让群众从接受者成为参与者,让身边人讲身边事,用百姓话说百姓事。群众能听懂、有触动,自然会在潜移默化中提高素养。"

前张庄村的文化主题是"农耕魂"。这个村有新石器时代文化遗址,农耕文明源远流长。该村曾栽培桑树养蚕,谷物种植传统悠久。去年,该村引进了粮油兼种和粮杂套种栽培新模式,普通玉米、粮饲兼用玉米、糯甜玉米,以及油葵、谷子、高粱、花生等喜获丰收,吸引了众多食客前来购买优质农产品。

在服务队的帮扶下,前张庄村以"一溪两园七区一轴"为总体布局，依托纵贯东西的南泉河，改造建设4000余平方米的前张庄垂钓中心一处，在原基础上进行功能分区和景观营造，扩建场地、升级钓鱼台，让中心兼具养殖、垂钓、休闲功能，成为休闲观赏示范区。硬化与绿化、美化有机衔接，垂钓环境更加舒适优雅。清新自然的田园风光让前来的垂钓爱好者及游客感到舒畅和放松，火热的场景让村民深切感受到了乡村振兴的新希望。

2019年"农民丰收节"，前张庄村配合省电视台举办现场直播和"庆丰收，迎国庆"农旅体验活动，吸引了省城一百多名摄影爱好者和媒体记者前来采风。前张庄村打造的"农耕"+"休闲、观光、体验"文化，触摸到了美丽乡村建设的根脉和魂魄。

两年来，服务队指导服务村建设新时代文明实践站，推进"孝诚爱仁"四德工程，建好用活四德榜，开展"好媳妇好婆婆"评比、广场舞比赛、摸鱼大赛等文体活动；指导服务村举办四场迎春、元宵晚会并进行网络直播；发挥派出单位资源优势，开展了健康义诊、爱心捐助、志愿服务等活动。山东省委宣传部及山东人民出版社共为服务队帮扶的五个村捐赠了价值10万元的图书，所赠书籍紧贴群众需求，针对性强，内容新颖，门类齐全，村民看得懂、用得上、喜欢看。

围绕美丽宜居乡村建设，配合镇村完善"四好路""户户通"等基础设施，指导服务村进行坑塘改造、荒片治理和违建整治，盘活闲置资源建设生态荷塘、口袋花园、主题小广场等利民惠民项目。

从"盼温饱"到"盼环保"，从"求生存"到"求生态"，生态环境的改善让人民群众的生活幸福指数不断提升。东疏人擦亮生态优势，乡亲们脸上洋溢着幸福感。

"育凤""引凤""留凤"，"引才""引智"

乡村振兴，人才振兴是关键。围绕助力乡村人才振兴，服务队坚持刚性育才与柔性引智相结合，"育凤""引凤""引才""引智""留凤"同步推进。

我们看看服务队是怎么把葡萄、猕猴桃请到"花果山"的。

2019年4月8日，服务队队员马卫明带领胡茂村"两委"到泰安市亓家滩考察购买猕猴桃苗子。

2019年5月24日，省果树研究所猕猴桃专家李国田博士到胡茂村指导猕猴桃生产管理。

2019年6月20日，李国田博士再次来到胡茂村，放心不下的还是猕猴桃。

2020年3月11日，省果树研究所副所长李勃博士到胡茂村指导葡萄和猕猴桃春季管理。

2020年5月7日，省果树研究所十多名专家到胡茂村开展党日活动，同服务队一起来到胡茂村的绿色果景园，详细讲解猕猴桃和葡萄花果精准管理技术，耐心解答生产管理中的各种问题，现场进行操作示范和具体指导。服务队队员、村干部和村民同专家一起操作，对猕猴桃、葡萄进行整形修剪，大家在劳动中不时交流，现场热火朝天。为了尽快完成修剪任务，大包子作为午餐送到了地头。

胡茂村村支书吴延春指着猕猴桃树说:"你们看,猕猴桃和景观树是兼种,为啥呢?猕猴桃喜阴,不喜欢高温,让景观树遮着才行。猕猴桃还真有学问,还分公母,一公配两母才结猕猴桃呢。老百姓哪里知道这些啊。"

吴延春整天围着猕猴桃和葡萄专家转,也成半个专家了。

"服务队介绍来的所有专家来到东疏,直接下地指导,指导完就走,有时连口水都不喝,让我们很感动……服务队的到来,让习总书记提出的'让农业借助科技的翅膀腾飞起来'的指示要求,真正落到了实处。"东疏镇党委书记刘站说。

服务队积极协调镇里制定出台乡土人才培养选拔制度,深入挖掘企业负责人、合作社领头人、家庭农场主和种植养殖大户等乡土人才资源,大力培育一批带不走的发展致富带头人,以此带动本土人才素质总体提升,筑巢"育凤""留凤"。

前张庄村的本草产业园是村集体经营的集一产种植、二产加工、宠物饲草销售为一体的小微型三产融合发展产业项目,采取"公司+农户"方式经营,领头人是本村村民吴敬省。

新成立的宁阳通源环保科技有限公司是分散式污水处理企业,在宁阳周边已经承揽不少污水处理工程,吴月军这位领头人以其敏锐的市场嗅觉和闯劲得到了服务队和镇里的多方支持,目前企业掌握的一项核心技术正在申请国家发明专利。

另一方面,服务队积极协调镇村为返乡创业人才提供政策和资金支持,吸引外出人才返乡创业,筑巢"引凤""引才"。他们为返乡创业的村民赵成清扩建服装厂,吸引在外创业的村民赵清华回村投资生态园餐厅,吸引在外打工的复退军人吴小柱回村搞香椿种植……

两年来，根据镇村产业发展和"人才振兴"需求，服务队积极对接科研教学、企事业单位和规划设计部门，到驻地开展技术培训或生产、发展指导，先后邀请专家学者和技术人员到县镇村开展讲座、技能培训、技术指导等二百余人次，为镇村发展提供技术支撑和智力支持。

我们了解到，服务队指导协调镇奶牛养殖协会承建了宁阳县首家省级乡村振兴专家服务基地。他们帮着协调专家、引进技术、转化成果，省农科院玉米研究所的最新粮饲兼用玉米鲁单9088在这里试种成功，省农科院蚕业研究所的饲料桑在这里实验推广，山东奥克斯畜牧种业有限公司奶牛育种改良示范基地、山东农业大学动物科技学院教学实践基地也纷纷在这里落地。

"在服务队的帮助下，俺们的奶牛协会成了宁阳县首个省级'乡村振兴专家服务基地'，不仅服务了东疏镇四家奶牛场，而且惠及了全县十几家养殖企业，我们足不出户就能享受到省城大专家的指导和服务，真得好好谢谢服务队啊。"东疏镇奶牛协会会长王传刚说。

"党小组+"模式：乡村振兴的"幸福密码"

农村基层党建，头绪繁多，情况复杂，如果不破题，就难搞。要破题，得先找着症结。

受经济和社会大环境的影响，村党支部对群众的影响力下降。在分散的生产经营方式下,群众对基层组织的依赖性大大降低,党员对农民的影响力也大大减弱,生产生活的流动性,让党员产生了一种"漂泊感"。而合作社等新型农业经营主体发展矛盾突出,规范化程度不高,亟须党组织引导。比如东疏镇,有四家由村党支部领办的合作社等新型农业经营主体,均属于村集体产业项目,总的看组织化程度较高、运行运转比较规范、生产效率和效益比较突出,但也存在着诸如经营管理不够精细、分工协作不够协调、辐射带动群众致富的意愿及能力不够强等问题。

面对新情况、新问题和由此产生的新困惑,东疏镇党委与服务队一道,突出问题导向,坚持创新发展,深入调研、细挖原因、理清思路、找寻良策,明确了以党建为引领、以科技为支撑,"让农业借助科技的翅膀腾飞起来"的乡村产业振兴之路,并按照"一个党支部一座战斗堡垒、一个党小组一支突击队、一名党员一面旗帜"的基层党建理念,强化党建引领和党员作用发挥,积极探索实践了"党小组+"抓党建促产业的党建新模式。

"一个党小组就是一支突击队,把党小组建在产业链上,属于创新。这个做法效果好,我们党支部领办专业合作社有了新抓手。没想到省里来的服务队对村里的党建还这么在行。"东疏镇赵茂村党支部书记赵允金如是说。

党小组开展工作,具有灵活、机动、高效、实时等特点和优势,可以灵活吸纳返乡创新创业人才、在外流动产业人才、镇域相关产业人才,可以围绕"党小组+"模式,推出"党小组+合作社""党小组+生产项目""党小组+任务""党小组+流动党员"等多种形式的有利于工作开展的党小组类型。

"随着新型农业经营主体的发展壮大和产业链的延伸,需要有更多的党员站出来,在产业发展的重要岗位和关键环节发挥榜样作用。"东疏镇党委委员单鲁彬说,"我们依据生产经营需求和产业链条特点合理设置岗位,建立了一套有利于产业党小组组织发动、党员带动、党群互动,既有分工又有协作的岗位联结机制。"

按照有利于产业人才集聚、有利于产业链条延伸、有利于产业方向引领的原则,在不改变原有组织隶属关系的基础上,东疏镇打破以往以地缘因素划分设置党小组的传统方式,围绕产业发展设置党小组,把党小组建到新型农业经营主体、行业产业、重点突破项目上,将党小组建设和产业发展紧密结合起来。

按照党性观念强、群众威信高、组织能力好的基本原则,东疏镇把优秀的村"两委"班子成员、产业带头人、优秀退伍军人、致富能人、年轻党员等通过民主推荐选拔到党小组组长岗位。目前,全镇试点设置的生态旅游、苗木花卉、绿色蔬菜、本草加工等六个产业党小组示范效果明显,建在产业链上的党小组,已成为助推村集体收入增加和带动农民致富的加速器。

"十八黄茂"食药赏特色苗木园党小组围绕落实刘茂村党支部提出的推进苗木产业"二次创业"要求,设置苗木栽植、林下种植、生产管护、起苗销售等岗位;前张庄村本草产业园党小组依据宠物饲草、中草药、茶饮植物种植和加工环节,设置种植(苜蓿、猫尾草、金银花)、收割采摘、烘干加工、市场开发等岗位;胡茂村生态旅游党小组围绕做好乡村旅游,设置产品策划、基建维修、导游宣讲、农家乐、民宿、游客接待等岗位。党小组依据岗位设置情况，优先把党员安排在关键岗位上，让党员冲锋在急难险重任务前，充分发挥党员的先锋模范作用。

我们在宁阳县东疏镇胡茂村绿色果景园看到，经过半年多精心栽植管护，由服务队帮助引进的阳光玫瑰葡萄幼苗已长到一米多高，明年就可小有收获，而这些成绩的取得都离不开党小组的带头带动。

刘茂村建设的食药赏特色苗木园就是在苗木园党小组的推动下的二次创业，已栽植皂角树1万多棵、金果山楂500多棵，还有成片的牡丹、芍药等，此外还在林下种植油菜花、青豆，土地收益明显提升。

在前张庄村本草产业园项目中，党小组组长吴月军为推动产业项目顺利实施，敢于"吃螃蟹"，能啃"硬骨头"，直面风险，先行先试，在个人近百亩流转地里率先种上了宠物饲草。项目见效后，已有越来越多的村民表达来年种植饲草的意愿。"村民种草，公司加工，既调整了农业种植结构，实现了产业融合发展，又显著增加了村集体和农民收入，实现了发展收益共享。"东疏镇党委副书记、镇长李琳说。

山东省委党校张文珍教授认为，"党小组+"模式促进了乡村组织振兴与产业振兴的有机结合和深度融合，有利于筑牢农村基层党组织抓党建促发展的根基，有助于发挥党员干部在农业农村发展中的带动作用，有助于组织发动群众和充分发挥农民的主体作用，是农村基层党组织抓党建促发展的一条可借鉴、可复制、可推广的基层党建做法。"用句形象的说法就是'党小组+'模式是乡村振兴的'幸福密码'。"

尾声

"这两年我感到很充实,我有一种参与历史的直感,很庄重,很神圣。""90后"服务队队员刘洋自豪地说,"乡村是个大舞台,足以让人施展自己的智慧和才华,虽然苦点累点,但值!"

队员中,无论是"60后""70后"还是"90后",他们都怀揣梦想而来,在六百多个日日夜夜里,释放自己的激情,为东疏镇的乡村振兴出谋划策。他们中有人参与扶起了一个产业,有人参与引进了一个项目,有人引进了一批人才,有人琢磨出了一个好法子。

"绿水青山就是金山银山",这个理念已经深入服务队队员的骨髓,他们还创造性地把"两山"理论跟当地实际相结合:"一马平川,也是金山银山!"

服务队是客,客就"客观",用他们的眼睛去看乡村,往往能发现一些陈年的老疙瘩、积存的老问题;他们动用全新的知识结构去想办法解决,他们动用所有的人脉去攻克,常常能蹚出新路子,令人眼前一亮。每个人、每一户、每一村看似不起眼的改变,正在汇聚成一股让乡村面貌彻底改变的激流。

服务队是"主",乡村振兴是国家战略,是大家的事,也就是每个人的事。理解脚下的这片土地和土地上的人民,是理解我们这个国家和时代的基础。有一分热,发一分光。"十八黄茂"这片区域,因为有了服务队而成为"特区",这十八个园区,有苗木产业园、服装文化园、采摘园……"这十八个园区，像十八颗珍珠，串起来就是项链，穿的线，就是动线，动线四季都可以观光，动线生金啊。随着园区功能的不断完善，辐射范围会越来越大。"贾无说。

东疏镇党委委员赵海燕观察得很仔细，两年前服务队刚来东疏的时候，他们的眼神里是好奇和新鲜，比如张林和邵卫东，他们没有农村生活经历，看什么都觉得新奇；可是随着时间的流逝，他们变了，不再"大惊小怪"，能跟当地农民对话拉家常，甚至学会了几句当地土话，真正地融入东疏了。

服务队的工作节奏是什么样的呢？我们在采访中见证了。

2020年5月29日，周五，张继文刚回济南，就接到宁阳县文庙街道艾草种植户的电话，说周六去河南考察艾草产业，问他有没有时间，张继文二话不说："好！"

他第二天一早就赶回宁阳，和种植户一起驱车赶往河南南阳。他们先后去了南阳、驻马店的种植基地、加工厂、交易市场等，每到一个地方都仔细了解，一直持续到6月1日傍晚。张继文说："吃了点晚饭，我查了一下回宁阳的路线，有580多公里，大约需要行驶7小时。我悄悄问随行的俩人，现在往回赶他们能不能坚持住。他们以为开玩笑，拍拍胸口说没问题。我说那你们轮流开车，我在副驾驶陪着。他们一看来真的，就犹疑地说明天一早走也行。我合计了一下：明天早上出发下午才能到，一天什么也干不了；今晚出发，明天啥也不耽误。一路上我怕驾驶员犯困，就不停地和他们聊天。终于凌晨三点多安全回到宁阳。"

这就是服务队的工作节奏。紧起来！忙起来！快起来！

2019年底,在省派宁阳县乡村振兴服务队的帮扶下,流转了巩家堂村一千多亩土地,打造了"千亩艾草种植示范基地",这也是省内唯一连片种植的千亩艾草产业项目。但本地艾草栽培技术存在一定的不足。为了弥补这一短板,乡村振兴服务队又当起了"红娘",与省农科院植物保护研究所、山东中医药大学、省中医药研究所等科研院所攀亲结对,请专家团队多次到现场进行"把脉问诊"、传授技术,为艾草"量身打造"科学的种植管理方法,并尝试研究将艾草芽做成高端艾茶的技术,提升产业附加值。

这就是服务队带来的效率,标准高,要求严,状态好。

艾草产业还为周边村民和贫困户提供了就业机会。"如今家门口有了产业,不用出远门每个月就有2000多元的务工收入,一年就是两万多,比种地强多了。"巩家堂村的低收入户李庆莲边摘制艾叶茶边笑着说。和她一样,周边几个村还有三十多位低收入户在基地实现就业,一天就能收入近百元。

这就是服务队带来的效益,有经济的,更有社会的。

宁阳县委书记毕黎明说:"省派宁阳县乡村振兴服务队,给宁阳带来的影响是巨大的,有看得见的,有看不见的。看得见的是项目,是规划,是科技,是调研报告,是强大的人脉,是扎实的工作作风;看不见的是崭新的理念,是深远的思路,是对宁阳这片土地的深情,是对农民无微不至的关切,是他们争分夺秒服务的节奏,还有为此付出的大量心血。虽然看不见,但我们能深切地感受到,体味到。宁阳人民感谢他们!"

2020年,全面小康的美丽图景将成为现实,对于中国这个古老国度来说,这是具有里程碑意义的一年。而这些干在其中、乐在其中的乡村振兴服务队队员们,也必将以自己的倾情奉献、辛勤汗水被历史所铭记,被人民所铭记,被土地所铭记。服务队队员们则说,他们收获最多,因为脚踩泥土,才接地气,才能学会"绣花"真功夫,才能清晰地感受到祖国脉搏的跳动,感受到乡村朴实的力量,潜移默化,才有了在奋斗中实现人生价值的自觉。

2020 年 7 月 23 日晚于济南

贾 无

走进宁阳，融入东疏。两年来，我们把宁阳作为第二故乡，把镇村干群视为亲人。我们勠力同心、携手同行、朝夕相处，我们一起学习、工作、生活，共同书写"两疏故里"决胜脱贫攻坚和开启乡村振兴的华彩篇章。

不经风雨，难见彩虹。因为有了镇村干部和服务队队员们白加黑、五加二、夜以继日的工作干劲，有了越有困难越向前的勇气和不达目的不罢休的执着，我们才在短短的时间里从蓝图擘画，到画卷初展，共同见证了"十八黄茂"片区日新月异的可喜变化。

一切过往，皆是序章。在这段难忘的岁月里，我们与镇村干群不仅凝结了深厚的友谊，也沉淀了无尽的责任。此心安处是吾乡。我们无论回到哪里、走到何处，都会继续关注、服务着故乡，都不会忘记故乡的亲人，都会为故乡加油、祝福！

李 华

  两年来，我们与镇村干群凝心聚力、携手共进，奋力书写乡村振兴的时代答卷。"四个调优"助力农业强起来的产业振兴做法，"一马平川也有金山银山"的生态振兴做法，"育凤引凤"促发展的人才振兴做法，挖掘村庄主题文化"塑形铸魂"的文化振兴做法，"党小组+"的组织振兴做法，以及"三生"体验式乡村旅游新模式的探索实践等都为"两疏故里"乡村振兴注入了勃勃生机，也为村庄和百姓带来了实实在在的可喜变化。难忘镇村干群的同心携手，难忘队友们的担当付出。衷心祝福东疏人民日子越过越红火，"两疏故里"的明天越来越美好！有幸成为乡村振兴的见证者和参与者，我感到非常荣幸。

张继文

　　每次看到群众那期盼的眼神，就会感到肩上那份沉甸甸的责任，每次看到群众那信任的目光，自己干事的热情就格外高涨。来自不同单位的十个人汇聚到一起，真心真意为农民服务，实实在在为农村解决难题，千方百计毫无保留地为村庄和片区发展出谋划策倾注心血，是一种历练，也是一种幸福。困难面前不低头，敢把平原变金山！我是团队的一员，我很自豪。能和作风扎实的镇村干部一起学习工作，学到很多，我很幸运。能和朴实的百姓一起生产劳动，结下友谊，成为朋友，我很珍惜。短短两年，我收获了人生宝贵的经历，思想经受了一次升华和洗礼，今后不管何时何地，我都会铭记：服务永远在路上。

高新昊

  两年的服务经历非常难得、珍贵,从服务对象身上学习了很多:抽丝剥茧地处理多头任务,任劳任怨地应对临时工作,沉着冷静地解决突发问题……如何做好服务,我个人认为:思想统一是基础。不论是服务队还是服务对象都应该找准工作的出发点,那就是老百姓的"钱袋子",而不是领导干部的"官帽子"。问题明确是关键。通过调研找准问题、抓住主要矛盾,才能由点到面、逐个突破,找到因村制宜、因地制宜的解决方案。方法得当是保证。服务队职责在助力,发挥资源优势,当好桥梁纽带。发展主体是服务对象,在尊重其意愿的基础上做好服务,发展才能实现可持续。

刘 洋

在700多个日日夜夜里,我们同当地干部群众站在一起、干在一起,我们在寒冬里调研考察,在春日里共同劳作,在酷夏里抢抓工期,在金秋里共庆收获。我们把建强组织、抓好党建作为中心工作,把村党支部书记和村"两委"班子这个关键少数抓好,把"党小组打造成产业发展的突击队",不断增强党组织的凝聚力和战斗力,有的书记成为新时代泰山"挑山工"标兵,有的书记成为产业发展带头人……感念这片希望的田野,感念这片遍布我们足迹的土地,于我而言,这是一段值得骄傲和自豪的经历。

西张庄村的
蜕变

张 岚

在西张庄村绿色果蔬园与镇村干部合影

西张庄村的蜕变

宁阳县西张庄村已经有800多年的历史。据史料记载：南宋庆元年间（1195—1200），张姓兄弟二人从山西迁来，分东西两地居住，称东张庄、西张庄。此村落在西，为西张庄。据《吴氏族谱》记载，吴氏于明朝永乐年间（1403—1424）迁此定居。自此，他们就在此地安居乐业，扎下根来。

10个村民组、450户人家的西张庄村是全镇资源相对匮乏、发展相对滞后的村庄之一。生活在这里的人，祖祖辈辈按照传统种植模式辛勤劳作，如今依然过着并不富裕的生活。然而，就是这样一个发展落后的村庄，在过去不到两年时间里，却发生了翻天覆地的变化：过去的西张庄村，道路不好走，满街杂草垛，遍地砖头瓦块，如今家家户户通了柏油路；温室大棚种植为村民开辟了新的生产经营之路，"一家三园"的提出以及"家"文化挖掘培树与乡村振兴工作很好地结合起来,很快受到了各级的关注。"美丽西张、幸福家园、绿色果蔬、健康相伴"成了这里的广告语。漫步家荷园,徜徉果蔬园,展望乐水园,如今的西张庄村村容整洁,乡风文明,生机勃发,成为村民安居乐业的幸福家园。

一

改变,自 2018 年 10 月始。

10 月是收获的时节。在灿烂的艳阳下,村民们发现,村里来了十个骑自行车的人。

起初,群众反应平淡,只是远远地观望这些衣着朴素的"干部"。他们往往一大早就出现在村里或田间地头,时不时还掏出小本子写写记记,间或与村民唠唠嗑,动手干些农活,但一到午饭时间总会悄悄离开。后来一打听才知道,他们是省里派来的乡村振兴服务队,是专门帮着村里发展的。再后来又听说这些住在镇上的人,每天骑自行车跑几十里路,就是为了了解各村的现状,摸清各村实际情况,"对症下药",给每个村开出发展致富的处方,帮着村民尽快实现让腰包鼓起来的梦想。村民们发现,在 10 月热辣辣的阳光下,这一行人的后背总是被汗水浸湿着。看到村民收豆子他们就帮着收豆子,看见村里收花生他们就帮着收花生,说起话来,又温和又没有架子,几天下来,村民们的心被感动了:见过不少的下派干部,看来这些人不是来做"官秀"的,应该是做实秀——实实在在为西张庄村老百姓做实事的。

经过一段时间的走访摸底,服务队对五个村子的情况基本摸清了,他们准备安排五名干部作为联系人下沉到五个村子中。经过摸排,五个村中,基础最薄弱、底子最差的当属西张庄村。该村经济基础差,集体资产使用不规范,因一些历史遗留问题处置不当,集体资产流失和产业缺失,村里历史欠债较多,累计外欠300多万元,包袱越来越重。针对这一现状,服务队综合队员情况,选派有第一书记任职经历的孔琪到该村。孔琪曾在枣庄市山亭区北庄镇半湖村挂"第一书记"13个月。他所挂职的村有12个自然村,5700多人。在挂职一年多的时间内,孔琪通过多种渠道争取资金和物资总计500多万元,为半湖小学投资60万元,为半湖街道投资100多万元建起了文化大院、安装了太阳能路灯,还投资20万元新建"半湖社区卫生室",修路筑坝达5公里。重要的是,在用实实在在的工作换来半湖村村民好口碑的同时,他也积累了丰富的农村基层工作经验。

"我相信他能把这个村服务好。"贾无队长肯定地说。

二

2020年5月,作为省乡村振兴采访组成员的我,有幸走进西张庄村采访。放眼望去,西张庄村绿树红花、姹紫嫣红,一派万物生长、生机勃发的景象。在西张庄村村委,我初次见到了孔琪和村"两委"班子成员。坐在对面肤色黝黑的孔琪,腼腆内敛,然而当谈及西张庄村的发展和蜕变时,他的思维瞬间活跃,话也

西张庄村中心大街

一下子多了起来。

  20世纪60年代中期出生的孔琪，从部队转业后到山东广播电台融媒体中心工作。2018年10月，在队长贾无的带领下，他与八名下派到此的服务队队员一起，开始了为期两年的服务基层生活。自那天起，他便把一腔热情全部贡献给了西张庄村，成为没有该村户籍的"村民"。

  初到西张庄村，孔琪便对西张庄村的情况进行了摸底调查：全村450户，1670人，常住人口870人，多为50—70岁的老人和妇女儿童，80%以上45岁以下的青壮年在外创业或打工，该村属于典型的"三八九九"型村庄。如何尽快与村民熟络起来,成为孔琪开展工作的第一道坎。

经过多种尝试,孔琪注意到,与村民沟通的最好方式是微信群。到村的第一天,孔琪就让村党支部书记杜华拉他入群。自此,孔琪便开启了刷微信的生活模式——入村以来,与服务队队员一起每天跑村转街行走两万余步,无论忙到多晚,躺在床上第一时间都会点开西张庄村村民微信群,这成了他雷打不动的习惯。孔琪发现,虽然群里有不少插科打诨,但仔细一分析,反映的大多是群众的急事、要事、烦心事。有着三十年记者生涯的孔琪对这些颇为敏感。自此,老孔就成了群里最活跃的人,不仅关心村里的事,还和村民们拉家常。几天下来,孔琪发现,群里的村民大多还在观望,并没有敞开心扉视群为"家"。为了改变这种局面,孔琪把收集的各种生活类的信息和好段子不时发到群里"烘场子",有时一天转发100余条。看到效果并不理想,他便想办法联系了本村在济南市委工作的吴正伟、在济南市公安局工作的吴伟、在沈阳工作的吴敬刚、在浙江经商的吴琳琳、在肥城当老师的吴老师等,让这些走出去的村里人,转发他们所在城市的见闻、新鲜事,借此吸引村民的目光。仅用了一个多月,他就与西张庄村在外打工的大部分年轻人建立了联系,共同构成了群里的中坚力量。他又与村"两委"成员吴以同、吴月营一起,把本村有正能量的村民尤其是有影响力的村民代表也拉到群里,"西张因你而精彩""天南地北西张人"两个微信群便人气爆棚起来,一些热心村民也逐渐开始试探着向孔琪反映问题,诉说想法。

"群小,能量大。"孔琪认真地说,"由于时间接近春节,远在外地的人都有思乡情结。于是,我们便定下这个群'家'文化的基调,把习总书记关于家的论述——国是最大的家和家是最小的国以及忠孝礼义廉耻信传统文化相结合,根据本村实际,发动大家写或转发热文热帖,或讨论,或谈感想,没几天便消除了大家心中的壁垒。过去村民不大关心集体的现象有了很大改观。特别是讨论村里的规划时,大家都能畅所欲言,献计献策,村子里的许多规划,都来自微信群里聊天产生的灵感。灵感有了,大家再反复讨论、论证,主人翁的意识也逐渐产生。那段时间,聊到凌晨一两点钟是常有的事。常常是室外寒风刺骨,西张庄村村民守着微信群,聊得热火朝天。一个因离婚离家多年没有任何音信的女孩,突然出现在群里,谈对这个群的认识和感受,谈思乡之情,谈想念亲人之苦,时时流露出为家乡变化而欣喜之情,影响和感动了无数人。"

"从来没有像2018年的冬天那么温暖过。突然间人人心中升腾起热情和希望,每一个人都想把积聚在心里的热能释放出来,恨不能立马为西张庄村的发展献血似的。"村民们共同的感受感染着孔琪和村"两委"的每个人。

起初也有出来骂人捣乱的,特别是对村里有意见的人,借酒发疯的现象也时有发生。每当这时,村支书杜华、"两委"成员吴以同、吴月营以及村里有威望的人就出面引导,或者私下了解情况做工作,针对村民的实际困难和问题积极协调帮忙解决,逐渐扭转了局面。就这样,村民们有事没事总喜欢找孔琪聊聊天,几天不见便有人在群里问:"这几天忙啥呢?咋见不着呢?"许多村民见面就热情地打招呼,邀请孔琪到自己家吃饭。只要孔琪在的地方，便会呼啦围上一群人。大家的热乎劲都上来了，这个外乡人慢慢变成了西张庄村村民心中的自家人。在他的带动下，村民对"两委"班子的看法也有了转变。

那段时间，孔琪最大的习惯是走到哪里就把自己的手机号主动留到哪里。说起这件事，他笑着说："留下我的手机号，主要是方便不会用微信的老人，让他们需要的时候能及时找到我。"对不会使用智能手机的村民，他帮忙把自己的号码存进他们的手机并备注为"A"，打开通讯录第一个就是他，一动手指就能联系上他。

人心人气聚起来了，工作便好开展了。孔琪与村"两委"一起，按照聊天的内容，结合村里的实际，制订了"一家三园"的发展规划："家"文化——西张庄村是每个村民的家，家要成为全村人最温暖的所在；"三园"即"果蔬园""家荷园""乐水园"。在论证会上，村民们畅所欲言，那一刻，孔琪才发现，这些朴素的乡亲，心中都装着自己的梦想，装着西张庄村致富壮大的梦想。融入其中，并成为为这些梦想而一起努力的人，孔琪自己的心中也升腾起一份激情和感动。于是，2018年初冬，一幅现代化的美丽画卷，在西张庄村村民的心中徐徐展开。

三

2018年10月以前，西张庄村的集体经济长期处于空壳状态，负债成了他们前行和发展的包袱，村"两委"成员和村民做梦都想像周围的富裕村一样，富起来，强起来，美起来。

"与服务队同期入驻的其他四个村比较，西张庄村没有胡茂村乡村旅游发展的潜力，没有赵茂村服装生产的优势，没有刘茂村'十八黄茂'食药赏培育的特点，没有前张庄村本草产业快速发展的前景，更没有其他村庄的传统文化和产业结构。西张庄村的村民便失望地问，咱村要啥没啥，靠什么发展？怎么发展啊？出路在哪里啊？"孔琪与村"两委"成员进行了认真分析，一致得出结论：乡村振兴要实事求是，因地制宜。面对这样一个村，孔琪心里明白，要靠全体村民自己，要靠村"两委"班子齐心协力，更要背靠服务队这个大集体。

"群众搬来的板凳，老乡递来的香烟卷，端给的茶水……都是一种信任，都是对我们工作的一种最好的回报。"贾无不无感慨地说。在省"千名干部下基层"动员大会上，省委书记刘家义嘱咐，和群众打交道，坐卧起居、衣食住行这些芝麻绿豆大的小事，服务队队员若是不注意，疏远的就是和村民心的距离，思想上就很难真正融入村民，更别提带着村民一起搞发展了。所以，自打进村见面的第一天起，他们便收起了在机关常穿的西装，换上休闲服。队员张继文、赵而祥是服务队里的两位"老军转"干部，来到镇上的第一天就换上了老布鞋。他们每天下沉到村，走村入户，问需于民，问计于民，掌握第一手村情乡态。

"这次服务队进驻，一些村干部和村民的认知还停留在多年前的扶贫老观念上，简单认为服务队就是帮着修路打口井，访贫问苦送温暖。这次咱得下大力气帮村里搞产业振兴，尽快帮各村找到适宜的好产业、好项目，让村集体富起来，让乡亲们的腰包鼓起来！"贾无的话，鼓舞了孔琪的干劲，也给他吃了定心丸。

授人以鱼，不如授人以渔。改"输血式"扶贫为"造血式"振兴，关键在于激发当地干部群众振兴的内生动力。但在一些具体看法上，一些村干部、群众还有思想偏差。改弦易调，有顾虑的不仅是村民，一些村干部也是如此。如何统一干群思想，成了服务队及村"两委"最重要的任务之一。

许多事情的转机看似偶然，实则是必然的。

2019年春节刚过，在听了一位农民书记的一堂讲课后，西张庄村发展的思路开始改变并逐步清晰起来。

2019年春寒料峭的日子里，孔琪和杜华在山农大聆听了东平县彭集街道安村支书孙庆元的一堂课。得知孙庆元带领乡亲大力发展绿色果蔬产业，用科技的力量改变传统的种植模式，为村民带来广阔的致富前景后，两位壮年汉子热血沸腾。

如何抓住发展契机，带领老百姓走上致富的路子，一直是他们寻求发展的着力点。课后，两人招呼也没打，直奔孙庆元所在的安村而去。他们找到四家承包蔬菜大棚的农户，一谈就是四个小时，到了晚上6:30的时候，杜华给孙庆元打电话，自报家门并说了在农户大棚待了一下午的事情，表达想见一面的愿望。孙庆元是个热心人，这位发誓要让每一位村民过上好日子、三年打造出个千万强村的村支书立即热情应邀。孔琪他们所在的大棚与孙庆元的办公室仅相距500米，孙庆元赶过来，他们三人蹲在大棚里一谈就是两个多小时。蹲在冬暖式大棚的地头，望着满园子的黄瓜，孙庆元扳着指头为他们算了一笔账：一亩地20年产粮20吨，一年平均产粮一吨，而用高科技种植黄瓜保守估计一年至少收入20吨,乐观点一年收成达到25—30吨不成问题。孙庆元指着大棚里的黄瓜秧让他们看。当时的黄瓜刚刚6个月,黄瓜秧长17—20米,每12公分就长一根黄瓜,每棵黄瓜秧按15米计算,能产10斤左右,一亩地3000棵黄瓜,产量就是6万斤。这样算下来,一个棚一年至少收入10万元。"这一个大棚一天就出近1000斤,我一共23个棚,你算算,一天的产量是多少?经济效益又是多少?"孙庆元的话重重地敲击着两人的心。

孙庆元还根据自己的观察和理解,介绍起了大棚生产的两次革命史。第一次是1991年,整个山东掀起了种大棚的热潮,但由于缺少经验,大棚革命在许多地方失败了。1995年,第二次推广大棚生产,很多地方也失败了。两次失败的经历把老百姓的热情也彻底打散了。那个夜晚,孙庆元不但聊了大棚革命的前世今生,更聊起了"菜王"王乐义和他的"蔬菜联合国"。

孔琪和杜华早就听说过王乐义的故事:潍坊寿光早就有种菜的传统,也有不少农户用塑料大棚种反季节菜,但老式大棚保温效果差,一冬烧五六吨煤加温也只能出些叶菜。身为村党支部书记的王乐义不信邪,跑遍大大小小的菜棚,查看了无数个温室,写了几十万字的笔记,但还是解决不了"深冬产出果菜"的技术难题。直到1988年春节前,来自东北的几根鲜黄瓜让王乐义看到了致富的曙光。

他打听到辽宁瓦房店农民韩永山的大棚大冬天能出黄瓜,他的大棚依山向阳,保温好,不用烧煤。1989年大年初六,王乐义就奔赴瓦房店,可惜韩永山"绝活"不外传。但对知识的渴求和带领群众致富的强烈使命感,让王乐义没有放弃。他三次北上东北，用"三顾茅庐"的精神和替百姓谋致富路的真诚，感动了韩永山把"姐夫来了也不教"的技术传给了王乐义。可三元朱村的人却怎么也不相信不烧煤光晒太阳能种出黄瓜来。为了帮乡亲们闯出一条致富路，王乐义顶着压力，冒着风险，带领三元朱村的17名党员干部建起了第一批冬暖式蔬菜大棚。从那时起，王乐义的名字就和大棚、蔬菜联系在了一起。王乐义和三元朱村人并没有把"利"专起来，而是把技术传向了全国。冬暖式蔬菜大棚不仅让三元朱村走上了富裕道路，更给全国的农民带来了福音，结束了新疆每年八个月吃外地菜的历史，也使山东寿光成了"中国蔬菜之乡"。

孙庆元说，咱们有寿光三元朱村做依托，有他们现成的经验可以借鉴，有他们的技术做支撑，怎么就不能成功呢？何况，我们村离三元朱村的距离与你们西张庄村离三元朱村的距离相同，所以，我相信我们安村能做到的，你们西张庄村也一定能成功。

孙庆元的一席话，坚定了孔琪和杜华走绿色蔬菜发展路子的决心。在回西张庄村的路上，他们便把在安村的所见所闻全发到了微信群里。一石激起千层浪，西张庄村的两个微信群瞬间炸开了锅，有赞同的，有反对的，也有围观的，车走了一路，他们在微信群里也与村民讨论了一路，然而他们两位苦口婆心的劝说并未赢得全体村民的认同。为了打消村民心中的疑虑，第二天他们便组织几十位村民前往东平县彭集街道安村参观当地的养猪场和大棚种植园，让他们亲眼看看科学种植给农业带来的变化。当时还是冰天雪地的初春，西张庄村村民站在安村暖暖的大棚里，看到满眼的碧绿苍翠，看着那长势喜人的黄瓜，他们都不敢相信自己的眼睛。回来的路上，村民们热议着安村壮观的蔬菜大棚、翠绿的果蔬、富裕祥和的社区，憧憬的同时，心动不已。

"说了算，定了干。选好了发展路子，再多困难也要克服。"每当遇到困难的时候，贾无和他的团队就站在孔琪的身后，给他最大的支持和鼓励。

从安村回来，孔琪和杜华便趁热打铁，召开了大棚种植动员大会，发动群众流转土地。但刚刚还热血沸腾的村民却又有了杂念。于是，孔琪和杜华又立即打电话向孙庆元求助，让他来西张庄村授课，加深村民对科学种植的理解和认识。热情的孙庆元抓起一件羽绒服便赶到了西张庄村，短短半个月时间，他竟然跑了七八趟。村民印象最深的是2019年4月9日晚8时，西张庄村的会议室仍灯火通明、座无虚席，一场冬暖式蔬菜大棚生产技术讲座正在这里举行，村"两委"成员、党员、群众代表以及有意向种植大棚蔬菜的村民聚精会神地聆听专家授课。全国优秀农村信息员、寿光市三元朱村科技主任王学军和孙庆元两位设施蔬菜种植专家一起来到西张庄村，就冬暖式大棚蔬菜生产发展形势、经营管理方式、生产效益和种植技术等内容为村民做详细介绍和细致讲解。两位专家表示，三元朱村和安村愿与西张庄村结成帮扶对子，从技术支撑、人才培养、生产指导、市场销售等各环节为西张庄村绿色果蔬园发展提供全方位的支持和保障。王学军还介绍了三元朱村冬暖式蔬菜大棚的发展历程。两位专家深入浅出的讲解极大鼓舞了现场的村民。看到村民的思想认识水平大大提升，孙庆元立即联系了寿光三元朱村的党支部书记王乐义。于是，4月16日，村"两委"成员和部分党员及村民代表等50余人又到寿光参观学习……

对于比较保守的村民来说,光听课参观还不够,只有把账算清算透才能打动村民的心。回来之后,村"两委"委员、村文书吴月营在村民大会上,给大家算了一笔绿色的账、致富的账——

设施蔬菜生产经济价值:以2017年、2018年和2019年春季三个年度种植黄瓜市场数据分析,单棚按10个月生产周期,每个大棚种植3600棵,按产量6万斤、均价2元计算,产值可达12万元,收入是种植小麦、玉米等传统农作物的十多倍。

绿色瓜果经济价值:如利用该大棚冬季提前或秋季延迟种植鲁厚甜1号甜瓜,播种期一般安排在2月和9月上旬,收获上市期调整到4月和12月上旬,按每棚4200棵,每棵结一个,每个瓜4斤,均价4元计算,全年两季收入将近14万元。如结合旅游观光采摘,每斤价格将达到10元左右;如种植草莓等其他附加值更高的产品,其经济价值会更加客观,单棚收入将会超过16万元。

旅游观光体验采摘的经济价值:当下乡村游成了人们周末闲暇休闲娱乐的首选,种植特色水果以及蔬菜,吸引游客旅游观光、采摘、体验也成了一种时尚,好多围绕乡村旅游蓬勃发展起来的采摘项目成了乡村游的支柱产业。从全国统计数据来看,其产生的经济效益远远大于单一的种植和生产。

发展"边角经济"价值:绿色果蔬园一期占地43亩,大棚建设占用24亩,道路、排水沟及间隔空闲地占19亩,利用这些空闲边角地种植贡菊或金银花,脱水后加工成代饮茶,每亩可增加4000—8000元收入。

西张庄人的心,终于热了起来,活了起来,动了起来。

很快，占地43亩的西张绿色果蔬园一期工程在村民的热切期盼中开工了。不到两个月，工程就高质量地竣工了。

大棚建成之前，经过村民前期论证、村"两委"班子集体研究，确定成立西张绿色果蔬种植专业合作社来经营绿色果蔬园。村集体将100万元扶持资金和村集体筹措的68万元注入合作社，村民以土地或资金入股，土地一亩地为一股，股价按2000元计算，资金入股每股2000元，年底从盈余中提取5%公益金、50%的公积金后，45%的盈余按成员所持股份返还分红。

具体经营方式为：以招标的方式面向全村优选种植能手承包，同等条件下土地入股者优先。承包收入以产量定，实行效益工资。单棚产出：8万元，基本薪酬5万元；8—9万元，效益工资增加超产额度的30%；9—10万元，增加40%；10—11万元，增加45%；11—12万元，增加50%；12万元以上，增加55%。承包人签订承包合同时需交2万元押金。

为了确保种植户生产经营和利润有保障，果蔬园与寿光三元朱村签订了产供销一体化合作协议。于是，以村民股份、集体筹资和服务队扶持资金为依托，一期建设的八个寿光三元朱村自主设计的第七代高标准冬暖式大棚正式运行，并有了托底保障。

不到几天的时间，一期建成的八个蔬菜大棚就被认购一空，许多没能认购到的，三番五次跑到村委请求，村"两委"班子只能笑着说，想认购的只能等果蔬园第二期项目了。项目建成后的第一个季度，村里收入便突破了10万元，果蔬园的建成投入运营标志着西张庄村从此有了自己的村集体产业，摆脱了村集体无产业创收来源的尴尬局面。

西张庄村绿色果蔬园开工仪式

    2019年10月，山东垦农现代农业发展有限公司总经理程通、董事陈斌，省农科院蔬菜花卉研究所副研究员王崇启一行到东疏镇考察指导蔬菜产业发展，洽谈项目合作事宜。垦农公司认为，东疏镇自然生态良好，土壤土质适宜，交通条件便利，有传统种植基础并已形成一定规模，加上服务队牵线搭桥，由省农科院蔬菜花卉研究所提供技术支持，蔬菜产业发展潜力很大，他们愿意与东疏镇开展蔬菜种植合作，并就品种选择与生产规模、发展订单种植、建设上海蔬菜市场外协种植基地等与东疏镇达成初步合作意向。

"美丽西张，绿色西张。"西张庄村自此看到了发展的曙光，即将迈上发展的快车道。

四

"让村集体和更多的村民富起来，是我们服务队的责任。"贾无队长的话，说出了服务队所有队员的心声。

2019年7月19日一大早，西张庄村的村民们乐开了花，绿色果蔬园一期八个大棚正式建成投产。镇领导来了，服务队来了，媒体也来了，西张庄村比过年都热闹。"怎么不高兴呢，大棚建起来了，苗子也栽上了，看到希望了。"大棚承包户赵明芳开心地说。

承包户孟海英告诉记者："包这个大棚，我原先是有顾虑的，对自己没信心，怕种不好，现在有寿光的老师来手把手地教，我一下子就放心了。"

虽然大棚种植反季节蔬菜屡见不鲜，但对习惯于种植小麦和玉米、习惯于日出而作日落而息、习惯于闲暇卖卖苦力挣点辛苦钱、习惯于做事凑合的西张庄村村民来说，既是新鲜事又是莫大的挑战，从太辛苦、怕麻烦、不接受、不认可，到接受和喜欢，几乎是一个脱胎换骨的艰难蜕变。

西张庄村相对闭塞，村民大多思想保守，服务队通过反复引导和多次组织外出参观学习，才让一些人的思想渐渐有了改变，直到后来积极踊跃报名参与承包。可真正参与进来后，在前期大棚管理维护和生产准备的过程中,由于工作量大,天天靠在大棚里,个别承包户承受不了,甚至以各种理由提出转租和放弃承包。

"这中间有太多的无奈。村集体做好了大棚,服务队帮着引进技术,甚至把肥料、农药等所有生产资料都准备好,就连种黄瓜的吊绳都备好了,大家直接把苗子栽上就可以生产,即使这样,仍要做无数次动员。"说到这里,杜华陷入了沉思。

谈起承包户前后思想波动,村民吴保国感受最深。在大棚先期建设和承包动员时,农户的种植观念和思想不统一,有的怕麻烦,不愿意动脑筋,习惯卖苦力,有的怕苦怕累,一进大棚就嫌热,吃不了这苦。改变生产和种植习惯成了大棚种植推进的最大障碍。

"我以前在家种过菜,后来出去打工了,在外做机床加工,村里考虑我之前种过菜,给我又打电话又发信息,劝我回来搞大棚。一开始我有点不情愿,因为在外边打工也挺好,吃住都不错,工资也比较及时,但是经不住村里劝。我就回来看看,一看建的这个大棚比较高端,政策又比较好,就下决心在这里干起来了。"村民吴保国表示。

承包工作落实后,服务队和村"两委"成员以及合作社管理人员积极靠上去做市场分析和稳定鼓劲工作,负责技术指导和培训的寿光农艺师崔老师也耐心劝导,并用自己成功的例子现身说法,在各方的引导下,大部分承包户稳定下来,也坚定了信心。经过近一个月的前期辅导培训,这些承包户不仅观念有了很大转变,也渐渐地入了门,很快掌握了种植技术。

"我们的思想转变确实有个过程,安村、三元朱村,村里先后组织我们去了四五趟。他们那里好多都是老式的大棚，一亩地还能带来十多万块钱收益，我们建的是最新式大棚，听说是第七代，现代化程度更高，采光也好，管理起来简单方便，前景也更好，回来以后我们坚定了信心。再说，我们这边还有寿光农艺师全程手把手地教，心里没有顾虑了，很踏实。"大棚承包户马均菊发自肺腑地说。如今，在西张庄村有这种想法的人不在少数，在村委办公室，挂着吴保国、杜吉良两位种植户赠送的"修通脱贫致富路，铸就果蔬连心桥"的锦旗，就是最好的证明。

"一亩园，胜过十亩田。"说这话的是菜农吴杞房，他承包了八个大棚，也是种植户中做得最成功的人之一。

那天，吴杞房坐在我的对面，满脸洋溢着灿烂的笑容。

"最近，我总是从梦中笑醒。"虽然是清晨，吴杞房却满头大汗。我抬头看了一下墙上的表，早上八点多钟，吴杞房说他与爱人已在大棚忙活了三四个小时。"人勤地不懒。这么好的政策，再不好好干对得起孔主任吗？您不知道，我们都称孔主任为孔财神。他是来给我们西张庄村送财富的。"还没坐下，快人快语的吴杞房便高声说了起来。

三言两语中，我了解到，吴杞房过去在外地打工，儿子是酒店大厨，一家人的生活还算不错。当得知村里建设果蔬园后，夫妻二人一合计便回来承包了一个大棚。

"最初也是有担心。因为承包大棚必须先给村里交上两万元的押金。通过到安村、三元朱村学习，听请来的专家讲课，我们夫妻认为这是天下少有的好事：有专家手把手地教技术，有三元朱村、安村结对子帮着，还有省农科院专家做后盾，只要自己能吃苦，肯定没问题。再说，服务队还帮忙把合作社种的黄瓜做了绿色认证，我们的黄瓜都能直接进大超市，这种不愁种、不愁销、还能卖好价钱的好事，天下少找。"吴杞房一边说一边笑了起来。

"最初老吴还不相信，一直在说，天下竟然有这等好事，天下竟然有这样的好人。"老吴的爱人李秀兰看着朴实的老公笑着说，"那些日子，他总让我掐他的腿，有时他自己也掐自己，好像只有疼了才相信自己不是在做梦。他一遍遍地说：我遇到贵人了，咱家的命运要改变了。"

老百姓要想致富，必须勤劳，必须克服惰性，必须改变自己的生产生活方式，必须掌握科学的种植技术，而要做到这些，就必须有人引领。吴杞房就是西张庄村发现和培养的勤劳、爱钻研、善总结、用心种植蔬菜的一个典型。

"我是2019年11月9日开始种上的黄瓜，35天后每天都可以摘黄瓜。一棵黄瓜收获十三四斤，一共种了4700棵。每天早上四五点起床摘下黄瓜后，超市的车直接拉走。春节前，正好是黄瓜旺季、价格也高，每天300多斤，每斤4—5元，最贵的时候5.4元一斤，最多的一天收入4000多元，即使现在，也每天1000元左右的收入。每天起床就有收入，有时晚上做梦都会笑醒了。"吴杞房朴实的脸，因为开心竟然生动了起来。

当问及收益高的原因时，老吴一下打开了话匣子，滔滔不绝地讲了起来。在老吴看来，新式大棚一定要科学种植，光凭借传统的经验是不行的。"比如说开花的时候，有的种植户看到成串的花苞就全部给予授粉，结果把黄瓜秧子给累死了。这个要听专家的，要隔一个授粉一个，这样，才能长得好。还有的农户早上八点多才到棚里去,八点多大棚温度就上来了,干不了一会儿就受不了了。""什么时候施肥、施什么样的肥,浇什么样的水、怎么浇水,都是有要求的。三元朱村的崔专家,在这里手把手教了我们八个月,有些人凭老经验,不听崔专家的,结果吃了不少亏。"老吴的话语中,满满都是信心和经验。当被问及现在掌握了多少种植技术时,老吴搓着双手说:"崔专家说,种植是三分技术、七分管理,有付出才会有产量,是环环相扣的。至于学习,自己离学成还早呢,也就能打个六七十分。但我有信心学好。"说到这里,老吴又说起了自己种植的160棵西红柿来:"我们种的西红柿,优点特别多,脆甜,口感好,水果味,是超市的首选品种。不足200棵西红柿收入达到了5600元。我们过去怎么也想不到。"

"过去在外面工地打工,一年只能回来两趟,常年风吹日晒,一年也就挣个三四万块钱,现在我每年能挣十多万元吧。过去我计划用五年的时间把儿子在兖州买房的贷款还上,现在,我一年就还个差不多。您说,孔主任不是孔财神、致富神,是什么?"老吴的话惹得一屋人都笑了起来。

交谈中,孔琪跟老吴说近期准备再种植一种新的绿色果蔬,给合作社储备一些种植产品和技术,还是想让老吴第一个种植。老孔话还没说完,满脸喜悦的老吴连声说:"种,种,咱种。只要是服务队安排的,让俺种石头、种瓦块,俺也不含糊。"

吴杞房的成功引来了左村右邻的认同和羡慕,坚持自己原有老经验的种植户也改变了传统观念,走上了科学种植的路子。

一走进绿色果蔬园就会看到,清脆的黄瓜、西红柿、豆角长

西张庄村绿色果蔬园内黄瓜喜获丰收

势喜人。天还不亮,种植户们便开始了一天的采摘,采摘之后便忙着装筐、外运,干这些活的多是四五十岁的妇女以及六七十岁的老者,每个人脸上都洋溢着喜悦。凭借优越的气候和日照条件以及水源保护区得天独厚的环境优势,这里产出的黄瓜脆嫩爽口、清香甘甜,刚一上市,就出现了购销两旺的喜人局面。种植户大棚门前的空气中,弥漫着一种特殊的味道,那是绿色果蔬生长散发出的特殊味道,这种味道,使整个西张庄村田野上弥漫着一种清香,这种强烈而温馨的味道,是一种纯粹的大自然的味道,只有在远离工业污染的地方才能闻到。

看我站在大棚前对大棚门口上的二维码颇感兴趣的样子，快人快语的大棚种植户李红霞笑个不停："科学种植，更要科学经营。我们每个大棚都有一个二维码，它就是这个棚蔬菜的身份证，能对产品质量以及售后进行跟踪，有什么问题一扫码一目了然，便于合作社管理。"

为了做好黄瓜绿色认证，使生产出来的产品卖出好价格，顺利进入大型商场和超市，2019年8月9日大棚黄瓜刚刚上市，服务队便通过省农科院质量标准研究所邀请省农业农村厅、泰安市和宁阳县农业农村局领导和专家，现场对他们的主打产品黄瓜进行绿色食品认证考察。省农业农村厅绿色食品办公室科长刘学锋，省农科院质标所所长张树秋、副所长刘宾等领导专家，一大早便直奔西张庄村绿色果蔬园现场进行实地考察和指导。专家们现场详细询问了解生产管理过程，对土质、水、肥料、农药、产品等一丝不苟地采样，回去不到一个星期就出具了检测报告，出具了完整的认证资料，用最短的时间开通了西张庄村黄瓜申请绿色食品认证的直通快车。

听了李红霞的介绍，我不禁对这种现代化的种植方式、管理模式肃然起敬，更为服务队的高效作风和团队精神而感动。

"西张庄村绿色果蔬园位于东疏镇'十八黄茂'乡村旅游景区内，是为落实五村乡村振兴规划和旅游发展规划而打造的集水果和蔬菜育苗种植、示范推广、科普培训、观光采摘及休闲体验为一体的综合性、多功能绿色种植示范园。"东疏镇镇长李琳说，"该项目的社会价值体现在为西张庄村寻求发展新机遇、找准发展突破口、实现发展新跨越提供了现实可能，也为东疏镇推进乡村全面振兴探求新的发展理念、新的发展路径、新的发展举措提供了有益参考。同时,还为当地走出去、引进来,解放思想、更新观念,对标先进、弥补短板,借力促发展,促进包括西张庄村在内的五个服务村,乃至全镇乡村在人才、生态、文化和组织振兴方面的全面进步与提升提供了可借鉴模式。"

"绿色果蔬园项目落户东疏,必将成为全镇发展集体经济、延伸旅游链条、提高乡村旅游品质的先行军,必将成为县内外党组织合作、跨区域精准化扶贫、提高基层组织力的里程碑,必将进一步加快产业化建设步伐,促进科学经营村庄、发展美丽乡村经济,丰富乡村振兴路子,推动农村经济更加繁荣发展。"东疏镇党委书记刘站对项目建成运行给予充分肯定并寄予厚望。

为了让村民种好大棚,服务队充分发挥自身派出单位的优势,邀请省农科院专家前来培训指导,直接面对面地传授好的技术,使村民们改变了观念,学到了技术,尝到了甜头,收入有了显著提高。一年多来,服务队先后邀请专家学者二百余人次到东疏镇开展培训或技术服务。"抓乡村振兴,我们最缺的就是人才和科技。乡村振兴服务队这一来,补上了这个短板,不但帮我们引来了省农科院的专家人才团队,还给我们带来了新品种、新技术、新模式,帮我们成功申报了全国农业产业示范强镇等重大项目。"东疏镇党委书记刘站言语中满含兴奋,"有服务队帮扶,有山东省农科院做后盾,我们基层为打造乡村振兴齐鲁样板贡献力量就更有底气了。"

不到两年的时间,包括吴杞房在内的许多西张庄村村民的生活彻底变了样:过去是起早贪黑扛着锄头下地,现在是按点到大棚忙活；以前收入完全看天吃饭，现在家家手里有了余款。果蔬园"圆"了群众的致富梦，绿色产品创出了"西张"品牌。

五

西张庄村醒了。无论是在绵绵的雨滴中，还是在和煦的阳光下，西张庄村如同大棚里一垄垄油绿茂盛的黄瓜、一丛丛挂满果实的豆角、一行行压弯了腰的西红柿，展示出蓬勃的力量。走近村头，便会听到青苗拔节的声音，听到果蔬碰触大地的喜悦之音，一不小心，还会听到村民睡梦中幸福的呢喃。

说起村民的变化，孔琪不由得感慨起了初到西张庄村遇到的第一"难"、啃下的第一块硬骨头、打下的第一个漂亮仗来："我们省服务队刚到村里，想要取得村民的信任，必须办成一两件'难事'，啃下一两块'硬骨头'。"孔琪口中的"硬骨头"，就是村南那个让人目不忍视、鼻不可闻的脏乱臭的废弃大坑。"那叫一个真难啊！好在功夫不负有心人。只要咱们心里真正揣着村民，为全村人着想，村民就都能理解，也都会支持。"

沿着西张庄村的主干道前行约1500米，是一个丁字路口，在这个丁字路口西侧，就是那个常年让村里头疼的废弃坑塘。刚进村，孔琪和服务队就展开了细致的摸底调查。通过入户走访、发放问卷等形式，他们发现西张庄村内东南角有一处占地近10亩的废弃坑塘，是村里的老大难——除不完的杂草、清不完的垃圾、投不完的钱。"夏天雨水积聚招蚊虫，加上许多不自觉的村民往坑里倾倒生活垃圾，整个大坑变得又脏又臭，从这儿路过都要捂鼻子，在这附近居住的人家常年关着窗户。"坑塘附近的住户苦不堪言，担心雨季来临之际会引发房屋垮塌，担心附近村民小孩看护不紧发生溺水事故。每次上面有检查，村里就得出钱请人治理。钱花了，却干净不了几天。为此，村里每年都要投资两万余元进行清理并派专人看护管理。群众抱怨多，上级批评也多，这个坑塘成了周围群众和村"两委"成员的心病，成了西张庄村发展道路上的"大坑"。

"过去村里几次下决心改造，都因各种原因草草收场。一是没有成熟的规划；二是涉及废弃资源利用；三是没有管理运营机制；四是村民及生产队之间有矛盾，意见难统一；五是组织不得力，曾引起村民反对和集体阻止。"村"两委"成员盛德怀谈起了自己的观点和看法。

"做群众最期盼、最需要的，是工作的出发点和准入点，而横在村民和村委心里的这个大坑，不正是入村工作展开最好的切入点吗？群众最关心的热点难点是最需要解决的问题，这个问题解决好了，不就成为撬动和促进整体工作开展的杠杆吗？当然了，咱们不能简单一填了之，咱们要变废为宝，使之成为村里的旅游景点和'聚宝盆'，治理和发展并举才是正路子。"在征得服务队的首肯后，孔琪便和村"两委"下决心从"啃"下这块硬骨头突破。说干就干，他们第二天便在村委大院开了个村民代表会议，就像医院里把脉问诊的大夫，为村民们开出了新的坑塘治理良方。

理想很丰满，现实很骨感。真正动手去做的时候，才知道这并不是一件容易的事。这个大坑涉及两个生产队和周围11户村民。过去多次启动这个项目没有成功成了村民心里的一根刺,要拔就得涉及方方面面,要做好多协调和说服解释工作,最难的是消除疑虑统一思想。其中最大的阻力来自一队的李桂兰老人和村民吴现庆,他们的房子与坑塘只有一路之隔,施工势必影响他们的生活,给他们带来诸多不便,同时施工过程中万一塌方容易给他们的房屋带来安全隐患。总而言之,工作难度非常大,村里派人多次去做工作均被断然拒绝。

眼看着矛盾难以化解,工作卡住无法推进,急在心里的孔琪只好亲自出面。去找两户村民谈话之前,他在心里先掂量了一番:自己是省里来的服务队队员,这也是为全村老百姓做好事,他们一定会给点面子,何况自己又有13个月第一书记的经历和工作经验,这点困难一定不会有问题,不敢说手到擒来,肯定不会马失前蹄。信心满满的他万万没想到,第一次见面村民就给了他一个大大的下马威。

孔琪清楚地记得,第一次去李桂兰老人家,是在村妇女主任李秀兰和村"两委"成员盛德怀的陪同下去的。隔着门,就感觉到老人一脸不高兴。没等他们张口,老人便坚决地说,若是谈其他事就请进,谈大坑的事,从哪里来的到哪里去,一点交流的余地都没有。他们结结实实地吃了一个大大的闭门羹。

无功而返,并且阻力如此大,这完全出乎孔琪的预料。回到宿舍躺在床上,他翻来覆去睡不着,当兵人不服输的倔劲一下又上来了:没有攻不下来的山头,只有不得当的方法。

半夜里爬起来,他抓起手机就给村计生主任吴以同打电话,先从坑塘周围几家人的情况说起,再详细了解几次整改失败的原因。谈着谈着，思路慢慢变清晰了，天也亮了。

通过了解，孔琪得知，李桂兰老人的女婿在县里职能部门工作。于是，天一亮孔琪就通过关系与老人的女婿联系。通过交谈，孔琪了解到老人文化程度不高、理解能力有限，需要通过非常直观、简单的方式进行沟通和交流。孔琪便马上通过杜书记联系县规划局设计人员，依据规划制作效果图。清晰的喷绘当天就做好了，他便立即拿着效果图上门做工作。讲解过程中，他重点把施工现场保护措施介绍得一清二楚。看着规划，听到这些直白的讲解和周到的保护措施，李桂兰老人态度有了明显改变，脸上露出了信任的笑容，但同时又提出了废弃资源利用的顾虑，迟迟不表态。虽然没有彻底解决问题，但老人态度的变化，让孔琪看到了希望。

回来后，孔琪便与村"两委"成员商量，如何建立运作机制，做到公开公正透明，消除群众疑虑。经过反复酝酿，他们决定采取选举村民代表管理、监督和实施的方式。

当第三次上门做工作时，老人一拍大腿痛快地说："填就填吧，大不了我再另寻个住处。"听到老人的话，孔琪的眼睛湿润了：多好的群众啊，多朴实的情感啊。后来见面时老人总会拉着孔琪拉家常，比村里其他人都亲切。

李桂兰老人的工作做通了，村民吴现庆心里的疙瘩也解开了，他儿子当过兵，孔琪在部队工作的经历成了沟通的桥梁。这两家工作做通了，所有人的意见也就统一了。

"做工作的过程，也是在对百姓承诺。群众感觉这个承诺能实现，也就不会担心了。村民的工作做好了，剩下的就是要打一个漂亮仗，只有把工作做好做实了，才能赢得群众的信任和支持，下一步工作才能越来越好做。"孔琪感慨地说。

"这个问题困扰我们很久了，他们确实啃下了一块'硬骨头'。"党支部书记杜华感触颇深地说，"他们到村里之后，给我们带来最大的变化有两点，一个是工作风气，一个是发展思路，这都是我们最需要的。"

在三个多月施工的日子里，孔琪几乎天天靠在工地上，放弃了所有的双休日、节假日，从每月领导签批的考勤表可以看出，孔琪几乎每月都是全勤。远在上海的爱人忍不住，利用公休假到村里来看他，半年不见，老孔又黑又瘦，成了地道的农村人。爱人开玩笑地说："西张庄村就是俺家老孔的家。"看到又黑又朴实的老孔，大家都笑着说："老孔这才叫深入群众与村民打成一片。"队长贾无一再叮嘱他，要注意休息，注意身体。

说起对工作的拼命来，孔琪很有体会地说："我们服务队哪个不是拼命加革命？服务队工作任务重，无法保证经常回家，工作上也感到了前所未有的压力。我们十个人，来自不同的单位，最初大家肩负着领导嘱托和沉甸甸的责任，满怀激情，怀揣大干一场的梦想报名参加了服务队，但真正到了一线，特别是深入到农村实际工作中以后，感觉理想和现实差距很大。面对困难和问题，大家感到无从下手，工作中产生了畏难情绪，一时找不到突破口，随之也出现了各种担心和顾虑，最担心和害怕的是辜负组织、领导和群众的信任。所以，贾队的压力是可想而知的。好在我们这个团队非常团结敬业，很快便找到了工作的突破口，打开了工作的局面。"

西张庄村昔日臭水沟喜变"家荷园"

  团队的影响是巨大的。孔琪也把服务队的敬业奉献精神带到了自己的工作中。每天早上天不亮就赶到坑塘整改施工现场,晚上经常十一二点回驻地。那段时间孔琪感觉最对不住的就是驻地看门的保安。

  短短三个月,原来的臭水坑彻底变了样。经过坑底清淤、回填整形、护坡施工、安装护栏、绿化美化、疏通河道等一系列治理,大坑完成了华丽的转变,美得让人赞叹不已。在整个建设改造过程中,孔琪和村"两委"时时问计于民,问名于民,经过讨论,将其命名为"家荷园"。孔琪通过时任镇长刘站联系泗店镇徐家行的技术人员,在技术人员手把手的指导下,村民当年便种上了满池的白莲藕。夏天时,荷花满园,清香四溢。深秋时,满池的莲藕又给村里带来了可观的经济收益。

"家荷园是我们村围绕本村文化主题——'家'文化建设的。这个项目集荷花观赏、休闲娱乐、文化展示、产业经营于一体,全部建成后将成为'十八黄茂'乡村旅游景区以及南泉河观光带上的一个重要旅游景点。"杜华开心地介绍着。"今后我们还将进一步完善配套休闲、娱乐、服务设施,美化环境,将昔日的垃圾坑变成蕴藏着深厚'家''荷'文化的景区公园。"杜华信心满满地说。

"这件事,奠定了我们这一届村'两委'班子的群众基础,大家对我们这个班子有了新的认识,在一定程度上也树立了村干部的威信。"回忆起这段往事,村支书杜华十分感慨,"老百姓的工作好不好做,关键是看党员干部能不能用心用情,只要把工作做到百姓的心坎上,就一定能把事干成。"

2013年杜华被村民推选为村党支部书记。其实,在此之前,杜华拥有自己的制砖厂,年产3600多万块砖,年产值500万元左右。为了全心全意带领乡亲走上致富路,他把自己的砖厂租给别人。上任之始便从老百姓最关心的事做起,在村里成立了太极拳队、舞蹈队,既强身又健体,老百姓的精神面貌有了极大提高。近几年来村里没有一件治安案件的发生,邻里之间和睦相处,亲如一家。2018年村民吴月兴家属身患重病,在村"两委"的带领下,老百姓自愿捐款捐物,帮助患者渡过了难关,患者康复后亲自到村委表示感谢。由于西张庄村位置比较偏僻,离镇驻地较远,以前老百姓去镇里办事,不是找不到相关部门,就是一件事往返徒劳好几次。为此,村里成立了便民服务代办点,做到小事不出村大事由村干部代为办理,或者用车拉着去办理,帮助老百姓解决身边的事。

果蔬园、家荷园的建设,大大提振了村民的自信心,增强了他们对服务队的信任。孔琪的目光又投向了村西废弃的沙坑。利用其自然蓄水优势,顺势打造成"乐水园",既可消除安全隐患,又可以给村民提供休闲娱乐的场所,岂不两全其美?想法一提出来,便得到村"两委"和村民的高度赞同。2020年4月22日,西张庄村村民委员会递交给东疏镇人民政府《关于启动西张庄村乐水建设项目的请示》后,便拉开了西张庄村建设大型水上游乐项目"乐水园"的序幕。该项目计划用三年时间完成,乐水园占地面积150亩,将开设充气城堡儿童娱乐项目、沙地摩托车邀请赛、CF游戏等项目,预计2022年5月建成并全部开放。到时,西张庄村"一家三园"的规划将初见成效。

六

"作为群众最大的诉求就是增加收入,日子越过越好,其次就是对文化生活的追求和对村容村貌改善的渴望。"贾无的话,也是服务队队员们的共识。

"2018年10月,贾无队长第一次带领全体队员骑自行车到各村熟悉情况时,一进西张庄村看到的是一条贯穿东西、宽敞、干净、整齐的柏油马路,而且绿化也很好,加上秋高气爽,感觉这个村条件不错,很漂亮。我当时还开玩笑地说,这样的村还需要帮扶?"孔琪回忆起第一次进村时的情景。

但随着孔琪入村后深入走访,发现村内其他主路和巷道虽然早在2014年就进行了硬化,可因冬季施工防护不好,大多数水泥路早已破损严重,路面沙子和石子大量脱落,有的路面已坑洼不平,有的偏僻的巷道积水难以行走。过去村里排水没有规划,大多排水沟成了蓄水池,一遇大雨天,不但排不出去水,有时还倒灌,给群众生活带来不便和困扰。

为了彻底解决这些问题,孔琪和村"两委"班子成员一起,结合生态环境治理和村容村貌整治,对全村所有主街道和大小巷道进行测量规划,带领全村老少昼夜不停地建设施工。短短两个多月时间里,新修2公里"四好路",升级改造主街道1.8公里,把明水沟改为暗管埋到地下,在原先水泥路路基的基础上实现了全村大街小巷无死角,高标准、高质量铺设沥青路面2.6万平方米,实现了路路通、巷巷通、户户通"三通"新格局。走在宽阔整洁的马路上,村民们高兴地说:"致富不忘服务队,走路不忘孔主任。咱们孔主任和服务队,是咱们西张庄村的送财童子、送幸福的天使。"

过去,因长期受经费制约,西张庄村村容村貌和环境建设整体缺乏文化氛围,没有文化底蕴,就如同人没有灵魂一样没有村"魂"。为了凝聚人心,弘扬正气,聚集正能量,提升村民的幸福指数,深化"家"文化建设,他们结合省级美丽乡村建设规划,整修粉刷墙面1.2万平方米,在村委大院建设了大型广场,古色古香的"家"字影壁矗立在广场的最南端;"家是最小国,国是千万家""家庭和睦则社会安定,家庭幸福则社会祥和,家庭文明则社会文明""天下之本在国,国之本在家,家之本在身""家风好,就能家道兴盛,和顺美满;家风差,难免殃及子孙,贻害社会""党员干部的家风,不是个人小事、家庭私事,而是党员干部作风的重要表现"等图文并茂的标语随处可见,以"家"文化为基调的文化建设让西张庄村焕然一新。

"全市乡村振兴现场观摩会,省电视台庆丰收、迎国庆农旅体验活动……目前,我们村成了众多摄影爱好者和媒体记者采风的好去处。""西张庄村变成了'网红村',我们不仅获得了省美丽乡村称号,今年又获得了省森林村庄的美誉。"吴以同的话还没说完,便被杜华打断了。快言快语的杜华又给我介绍了一大堆变化:2019年以来,村里先后整改了29处荒片,彻底清理了1万多方垃圾,购买栽植各种苗木及花卉2万多棵,铺草坪5000多平方米,建起了大大小小的花园7个,还有两个比较大的主题公园……

村子变美了,村民的心也亮了,舒畅了。

过去拆违拆临拆出来的荒地,杂草比较多,村民会随手扔垃圾,放眼望去,整个村两个主街道整洁度还可以,再往里就比较差了。村民主动提出来,彻底整治这些杂草集中地。大家利用业余时间,花了整整半个月进行整理,种上各色花卉。目前无论走在村子的哪一条街道,哪一处角落,全都是四季有花、处处有景。

以前是"干部干、村民看",干好干坏都要被评头论足一番。现在村里做什么事,村民会主动参与,起来越配合。

村子和谐了、发展了，也吸引了不少外出打工的人回村创业。40多岁的马均菊，原来在县城商场、服装厂打工，30多岁的党员吴小柱，在部队服役8年，之前一直经营服装加工厂，吴杞房常年在外打工，他们纷纷放弃在外打工的机会回村承包大棚，成为种植大户；40多岁的李红霞承包大棚后，在外打工的老公回来全身心投入大棚种植……

"要说'家'文化打造最让人难忘的，当属2019年、2020年连续举办的两届'我爱我家'春节联欢会了。"一说起"家"文化的建设和打造，村妇女主任李秀兰笑得前仰后合，连声道，"我和村里人都打心里佩服孔主任。春晚采用现场直播的方式，让留在村里的和远在外地的西张庄村村民感受到了春节的喜悦，当一名西张庄村人的自豪感油然而生。"

2019年农历腊月二十三是小年，西张庄村委举办的第一届"我爱我家"迎春晚会如期举行。为了办好这届迎春晚会，村民们早早便行动起来。书记杜华赞助2000元，村委成员吴以同赞助1000元，村民吴留园赞助2000元，杜鹏、刘中华、郭运营赞助1000元，吴敬贵赞助600元，吴强赞助价值1200元的奖品，吴现伟赞助60个证书，吴帅赞助200副春联，吴兴龙赞助70条毛巾，村民刘厚成、吴海军、吴锡满赞助烟花爆竹和600斤大米，村民吴正举赞助200个口上天烧饼……用大家的话说，自己的晚会自己办，有钱的出钱，有力的出力，能出节目的就出节目，这也是村民内心变化的写照。

"西张面貌有变化，力度还需要加大，村容村貌美如画，给力！"在"我爱我家"新春晚会上，方言版三句半《赞西张》一出场就引来一阵欢呼声……自编台词将西张庄村的发展融入其中，现场掌声不断。

整个晚会持续两个半小时，节目大多由村民自编自演。歌舞、戏曲、诗朗诵、小品、武术、魔术表演等多种形式，无不紧扣"我爱我家"主题。在晚会现场，全村500多名老老少少不顾严寒齐聚在一起，轻松欢乐的节目内容，通俗、接地气的表演形式，让在场观众感受到自家的风土人情和西张庄村"家"文化的魅力，大家热情高涨，歌声、笑声、掌声不断，充分展示了西张庄村村民生活的新变化和对未来的新期待。

为让天南地北的西张庄人感受家乡的风土人情和"家"文化的魅力，晚会采用了"现场观看+网络直播"的形式，当晚网络直播在线观看达1万多人次，留言评论800余条，点赞数达到3.7万次。大家在评论中纷纷竖起大拇指，为西张自豪，为西张加油点赞，"西张的明天更美好""祝愿西张父老乡亲春节愉快""厉害了我的村，永远是我们的根""祝西张越来越富裕，越来越美丽"……各种祝福的话极大地唤起了天南地北西张人对家的归属感，更加坚定了大家携手建设更加富裕文明和谐幸福新西张的决心和信心。

杜华介绍说："服务队来了以后，他们不仅帮助村子搞规划、发展产业，也帮着我们搞文化建设，就是在服务队的建议下，我们决定每年都举办自己的'春晚'。"

晚会上还颁发了"好婆婆""好媳妇""五好庭院""奉献奖""乡贤奖""孝德奖"等多个奖项，西张绿色果蔬合作社生产管理团队荣获"优秀团队奖"。

西张庄村"家"文化广场

"小村庄的农民登上了自己的春晚舞台,就像在做梦。"60多岁的老党员吴正运至今都颇感骄傲。

提起自己村里的春晚,村民一片叫好声。"2021年的春晚,我们会在村委刚刚建成的百姓大舞台上举行。"78岁的老人吴庆太用手指着不远处的广场向我介绍,"你看,我们现在这个舞台多高级啊,电视跟舞台一样大;那个音响可贵了,一响全村人都能听到;你看这广场上的灯,能把整个广场照得像白天一样,听说光这些就花了接近9万元。这个广场每天晚上可热闹了,大家都来这里边休闲乘凉边看新闻。看完新闻就会在这里跳舞锻炼身体,特别是孩子们在这里都玩疯啦。"说着说着,老人脸上笑开了花,也许老人意识到自己因牙齿掉落说话漏风,不好意思地用手捂上了嘴,但老人的话里和脸上满满都是喜悦。

  树高千尺,回望是根。在"家"文化打造过程中,西张庄村尤其突出孝顺,在村子里建设了"家"文化广场,以文字、雕塑展示经典的孝善故事;设置敬老基金会,10余万元善款由本村在外子弟和本村能人捐助,80岁以上的老人每年都可以得到生活补助;在春节晚会上,培树了一批西张庄村的各类优秀典型。今天的西张,充满了真诚友善、尊老爱幼、积极进取的正能量和好风气。新成立的西张庄"健身暴走团"成为远近闻名的名片,支部书记杜华亲自任团长,设计了队旗、队徽,每天早晚各走5公里,村民的参与积极性空前高涨,最多时人数超过100人。

  如今,西张庄村发展得越来越好了。道路拓宽了,原来的单行小路变成了双向柏油路,笔直的路牙石和雪白的分割线,如五线谱般谱写了一曲农家儿女走向富裕的赞歌。中国结元素的路灯一排排矗立在花坛旁边,夜晚亮起,照亮了所有的石碑和花朵。为了表达西张庄村要把家乡建成有爱和谐的美好家园的愿望,村里人以"家"文化为主题,在全村进行了宣传。在公路外墙,以简笔画的形式设计了20组"家",每组3"家",共60"家",每家门前都刻有一条"家"成语。这些"家"字,寄寓着西张庄村人对美好生活的期盼和向往。

  桃花夭夭,绿水盈盈,在生机盎然的五月天里,走进东疏镇西张庄村,一排排整齐的村居映入眼帘,绿树红花掩映的小广场上嬉戏的孩童、拉呱的老人……一派岁月静好、富足安宁的景象。

"我们现在吃得好、住得好，能过上这样的幸福生活得感谢我们的村委，更要感谢我们的服务队！"在文化广场上拉呱的几位老人高兴地向我们介绍，他们每个季度去村里的服务中心领一次"零花钱"。据了解，村里60岁以上的老年人可额外获得"零花钱"，年龄越大领得越多，老人们平均每月能领到200元左右。加上其他福利，一年下来，每位老人能领到数目不小的钱。

在村委文体活动室，在第二届春晚上受表彰的"新乡贤"吴正沛正在专心致志地撰写着对联。"山清水秀一年四季春常在，人杰地灵千家万户幸福村""吃水不忘挖井人，致富不忘党的恩""勇担千钧，积极描摹农业强盛美图画；牢记使命，奋力谱写乡村振兴新篇章"……字里行间蕴含着满满的自豪、感恩与幸福。我不由得脱口赞叹："好，写得好！"吴正沛却摆摆手说："献丑了，献丑了。"吴正沛告诉我，村里有个习惯，乡亲们新修房屋、逢年过节、做红白喜事都喜欢贴对联，今年春晚时，自己和吴军赞助了200副对联，就是为了让全村老少爷们喜庆喜庆。他还说，很早以前，对联就成了当地的乡村文化标志，成了村里文化建设的一部分。我强调说，抓农业生产的同时不能忽视农村文化建设。我们正聊着，从门外走来的村党支部书记杜华接话说："在这个问题上，我们支部成员认识都很统一。近几年，村里设立了道德讲堂、生态景观文化长廊、村图书室、老年活动室、农耕文化园等。农闲时，道德讲堂，由村里的党员干部和选出的新乡贤讲课，村民都爱听。村里评选出的'好婆婆''好媳妇''文明家庭'等都要张榜表彰，让村民们向他们学习、看齐。"听了杜华的介绍，我心里特别高兴："你们在传播、'种植'文化，这跟种果蔬一样重要。"说这话的时候,我用敬佩的眼光打量着眼前这个挂着各式对联、书画的活动室,似乎闻到了和着泥土芬芳的文化气息。

村委会接待室里,墙上摆满了各种奖牌和证书,有"市级美丽乡村""省最美休闲乡村"等,这是对西张庄村的赞许,也是对省服务队、对村"两委"苦干实干、辛劳奉献的最大褒奖。

"这是我们村未来的效果图,到时整个村庄功能更完善,也更美。"说到村子的未来,孔琪兴奋地拿出了几张图片给我们看。

"目前,西张果蔬园二期工程基本结束,12个高标准大棚已建好,而且园区还实现了景观化,经营好了每年都会有稳定的收入,家荷园白莲藕每年也会为村集体带来收益,乐水园建成后也会带来可观的利润……"对于村子的未来,孔琪也信心满满,"我相信,西张庄村的明天一定会更好。"

从西张庄村的蜕变里,我看到了充满希望的美丽乡村建设发展的实践标本,更看到了走在乡村振兴路上的广大乡村阔步向前的万千景象和冉冉升起的新希望。几千年的中国农耕文明,世世代代面朝黄土背朝天的农民盼望的小康生活,不正是今天我们在追逐的中国梦吗?

孔 琪

  2018年的金秋十月，我在激情与梦想的驱使下，怀揣着深深的故乡情结，肩负着职责与领导的嘱托，踏上了阔别36年的故乡，荣幸地成了省派宁阳县乡村振兴服务队的一员。刚刚踏上故土的那一刹那，我心里便萌发了按捺不住的兴奋和对未来的美好憧憬。刚入村的几个月激情燃烧的日子一天当三天用，在很短的时间内自己不仅走进了西张庄村，也走进了乡亲的心里，了解了他们的所思所想，所期所盼，所怨所恨，也掌握了他们贫穷落后的深层根源，昔日的激情成了责任和动力。之后的700多个日夜自己历经了激情澎湃大显身手的日子，也经历了垂头丧气极度失望的日子，但凭着22年部队生涯锤炼的不服输的倔强性格，在镇党委政府和服务队强大后盾的支持下，历尽艰辛，帮助西张庄村实现了蜕变。自己的付出不仅收获了群众的信任和赞誉，赢得了人民群众对党的恩情，同时也锻炼和增长了自己处理复杂问题的能力。当告别为之奋斗两年的西张庄奔赴新的岗位时，回眸望去，顿感心里有无限眷恋和欣慰。

破茧化蝶振翅飞

赵启元

在胡茂村绿色果景园与村镇干部合影

破茧化蝶振翅飞

公元 1405 年，即明朝永乐三年，山西洪洞县一偏僻农村的胡姓祖先，带领家人一路乞讨来到一个陌生的地方。

在祖先看来，这里要比自己的家乡好得多：这里有大片可以耕种的肥沃的土地；这里居泰山之阳、汶水之阴，可遥望八百里水泊梁山；这里毗邻曲阜，周边村风淳朴，村民厚道，乃礼仪之邦……胡姓祖先决意定居于此，慕"黄茂"之名，以姓氏取名胡家黄茂，成为著名的"十八黄茂"的一员，之后规范为胡茂村。胡姓以及后来迁入的吴、孙、张等姓氏后人，在这片草木丰美的大地上繁衍生息，传宗接代。他们一路风雨、一路凯歌，怀揣梦想，走进枝繁叶茂的 2020 年。

胡茂村现隶属于山东省宁阳县的东疏镇，位于泰安市的宁阳县和济宁市的汶上县、兖州区三县区交界处。

胡茂村中心大街

跨越六百多年悠长时空,在这片古老而生机盎然的三县区交会地,胡茂人亲眼见证了新中国从站起来、富起来到强起来的伟大飞跃,见证了改革开放后自己所赖以生活的村庄所发生的翻天覆地的变化……

如今的胡茂村,名扬齐鲁,享誉省内外,有几项特别的荣誉作证:国家森林乡村、山东省美丽村居试点、泰安市美丽乡村示范村、红旗村党支部,村支书吴延春更是被评为"最美宁阳人"、宁阳乡村振兴学院特聘教授、泰安市新时代泰山"挑山工"标兵等。

而这些荣誉和称号的获得，要归功于胡茂村因地制宜的乡村振兴探索与实践。

2018年10月，是一个特殊的节点。不到两年的时间，胡茂人在乡村产业发展、乡土人才培养、文化挖掘传承、组织建设、生态保护，以及借力科技促发展等方面，既充分发挥了自身独特优势，又摸索出了一套适宜广大平原地区乡村发展的成功做法和经验，胡茂村已成为远近闻名的乡村振兴观摩学习目的地。

笔者相信，广大农村在乡村振兴实践中时常遇到的一些困难和问题，很多都能在这里找到启示或答案。我们的故事，也将从那个特殊的时间节点开始……

一、摩天轮成了心魔

2018年秋日的一天，80多岁的张大爷像往常一样坐在村口的大树下，打开无线收音机，悠闲地听着那古老的戏曲，等候那些天天一起拉呱的老伙计。

"省里有人要来咱们村啦。"邻居孙大爷一出门就来了一条大新闻。

"省里？也不近啊，叫啥名？"

"不是一个人，没说啥名，光说叫服务队。"

"服务队？啥是服务队？俺没听说过呢。"

话匣子一打开，聚集在村口的老人们七嘴八舌地讨论起来。可是，活了几十年，他们从来没有听说过"乡村振兴服务队"这个名字，更别说服务队是干啥的了。

老人们不知道这条和他们村庄有关的新闻的具体意义。他们也不会知道，从这个时间节点开始，在接下来不到两年的时间里，他们祖祖辈辈生活的村庄会伴随着共和国乡村振兴战略的实施，迎来新一轮的机遇，进入一个快速发展的新时期。老人们更想不到，他们的村庄将突然按下快进键，大踏步地走向丰硕富裕的康庄大道。

2018年10月8日，省派宁阳县乡村振兴服务队一行十人进驻东疏镇。其中山东农业大学动物科技学院副教授马卫明联系胡茂村。

他们来了干什么？他们会干什么？即便见到了活生生的服务队队员，村民们还是一头雾水，心中充满了疑惑。

在很长一段时间里，胡茂村村民经常看到十个骑着自行车的人一大早就来到村里，碰到谁家地里有人干活就下地一起干，遇见谁没事就凑过去一起拉个呱。渐渐地，胡茂人感觉到，自己村里的这十个"村民"，貌似是来帮助村里发展的。

甚至，有些更新的消息传出，服务队不仅仅来了人，而且还带来了钱，听说还不少呢。这一消息无疑比拉家常更有吸引力。对于村民们来说，他们更关心的是服务队究竟带来了多少钱，这些钱又会怎么花？

这一切，村支书吴延春心里早已明镜似的，而且已和村"两委"成员商量多次，一班人的小算盘早就打得噼里啪啦响了。村里一直想对那个游乐园加大投入，这次机会来了。胡茂村的游乐园建成一年多了，去年接待游客10多万人次，旅游收入达20余万元。如果对游乐设施进行更新换代，新上一些娱乐项目，肯定能吸引更多游客前来观光旅游。

老吴早就出去考察过了，很多城市的公园都有摩天轮。高高大大的圆形摩天轮对于村里人来说可是个新鲜玩意，是孩子们的最爱。它不单单是一个游玩项目，在很多影视剧中，它还是青春、浪漫的象征，吸引着无数青年恋人。一个人坐上摩天轮，20多分钟的时间，转上一圈，怎么说也要花百十块呢！粗略一算，摩天轮市场价格也就五六十万，如果买一个二手的也就30来万，多余的钱还可以把游乐园的其他设施更新一下。到时候，村里的游乐场可就是"鸟枪换炮"啦，肯定能挣到大把钞票。

但是，老吴的这个想法似乎和服务队的想法不合拍。

一天上午，服务队队员骑着自行车刚进村，吴延春一班人就热情地围了上去，边走边唠。大家很自然地按照老吴的引导，再次走进了充满乡土气息的游乐园。说起当初村里建游乐园，老吴满脸说不尽的自豪："为了省钱，村干部亲自带头干，那段时间俺们没黑没白，夜以继日。全村百姓都发动起来了，纷纷出工出力，很快就建成了。"

队员们知道，吴延春丝毫没有夸大。在前期调研过程中，他们已经了解到，在整个东疏镇，胡茂村有它的特殊优势，那就是村"两委"班子特别团结、特别能干，而且支部书记带头实干，凡事都是这些班子成员冲在最前面，班子口碑很好。

"这些废旧轮胎，俺们收集起来做了一个造型，寓意俺们胡茂的发展滚滚向前。"老吴指着一堆用轮胎搭起的台子说。

"还有那边那些石槽石碾，都是各家捐的，俺们收集起来摆在园区，让城里人感受一下咱们的乡土味。再比如这里的长廊，这是我们支委张海林焊的，当时村里没有电焊工，海林自己找师傅学，做出来也很结实呢。"老吴一手用力扯着一根铁管说，面部的表情也逐渐丰富起来。

"游乐园的建成给俺们村带来了很好的效益，今年到现在接待游客快20万人了，旅游收入过了30万元了。下一步俺们准备加大投入，争取吸引更多的游客到俺们胡茂来看看。"老吴的慷慨激昂话语中，透露出许多的期待，这种期待，在场的人都能感觉到，那是对服务队的期待。

队员们认真地听着介绍，并不时与老吴互动交流。队长贾无之前已经知道了村里的一些想法，见吴延春一直不正面说，就问道："下一步你们有什么想法？"

"我们想在这里增加一个摩天轮，一百多米高的那种。不但能增收，还会成为俺们村游乐园的标志，在几里外就能看到，起到广告宣传的作用。"老吴一边比画一边回答。

这个念头吴延春不知盘算过多少次了，他边说边用期待的眼神看着贾无。当他透过贾无的眼镜发现对方没有任何肯定的意思时，失望的表情慢慢爬上了他那方正黑红的脸。

队员们又详细询问了游乐园的一些日常运营、安全保障方面的情况，然后就骑车去刘茂村了。

"应该留他们吃中午饭，在饭桌上再说说肯定就成了。"望着服务队远去的身影，孙方同说。

"是啊，这么久了，还没一起吃过饭呢。"几个支委一起附和。

"留过几次了留不住，我也向其他村打听过，都没能留他们在村里吃饭。"老吴挠了挠脑门。

"真是搞不明白他们想干吗,钱是给咱们村里的,怎么花咱们说了咋不算呢?"

胡茂村人不知道的是,在他们迷惑的同时,服务队队员正进行着激烈的讨论。

原来,经过两个多月的摸底调查,各个村的调研报告都已经出来了。有关每个村发展的两三千字的报告凝聚着队员们的心血,弥漫着泥土的芬芳,没有大话套话废话的赘述,也没有优美华丽语言的装饰,却把每个村的基本情况、产业基础、基础设施建设、优势资源、主要困难和问题、发展愿景等说得一清二楚。

在服务队的一次每周例会上,十名队员正拿着胡茂村的调研报告进行讨论分析和"集体会诊"。

"胡茂村的基本情况大家都知道了,我觉得服务队是来帮扶的,省里定的工作原则是服务不干预、帮办不包办,队长也多次强调要引导不领导、献策不决策。胡茂村的游乐园能带来效益,而且他们也多方考察过了,既然村里有增加游乐设施的考虑,我们是不是应该支持?"胡茂村的联系人马卫明一手拿着报告一手扶着眼镜框先说话了。

"但是,乡村旅游有其特殊性,就比如说胡茂村吧,它的乡村旅游打的是城乡时间差,主要是服务节假日回村的人,园里现有的游乐设施已经能满足大家的游玩需求,我们是不是应该考虑一下有没有更好的投资方向?"省司法厅戒毒监测治疗所警戒护卫大队副大队长邵卫东马上当面敲锣。

"摩天轮的运行对安全条件的要求比较高,而且平时的维护保养费时费力，运行成本也要考虑。"省委组织部优选计划选调生刘洋同意他的意见。

"单一的运营模式，抵御和规避风险的能力比较低，现在的乡村旅游应该尽量拉长产业链，实现多点开花，增强抗击风险的能力。"省委宣传部新闻二处四级调研员张继文也接上了火。

"当前的乡村旅游项目应该多在名特优新奇上下功夫，我们扶持的项目最好是打基础管长远的。"省法院政治部法官管理处副处长李华也加入"战斗"。

一帮人当面锣对面鼓地讨论了整整一上午，大家都纷纷谈想法亮观点，有心直口快的表达，也有面红耳赤的争论，但目的都是一致的，就是为村里选好选准项目。可是，想要得到一个完全切实可行的方案，却远远没有那么简单，大家都感觉摩天轮不是最好的，可什么更好，谁也说不出个一二三。

午饭时间早过了，队长贾无看了看表："今天先讨论到这里。会后老马和村里沟通一下，先别急着上马新项目，要沉住气，再深入考察一下市场，调研分析一下有关情况。老张你想办法和省文旅部门取得联系，看看能不能请熟悉乡村旅游的专家来现场支支招。新昊和我们院可持续发展研究所联系一下，他们做过不少乡村旅游规划，请他们抽时间来看看把把脉。李华、继文、新昊和刘洋你们四人作为支委，可以根据前期调研和政策学习情况，结合分工就产业、人才、文化、生态和组织振兴五个方面，分别做一下准备，由你们主讲带领大家分专题对五大振兴的有关政策法规和部署要求做一次系统学习。"

一上午的讨论看似没有结果，但实际上服务队的服务思路已经越来越清晰了,那就是请专业的人干专业的事,充分利用好服务队的后方资源。

吃过午饭,马卫明就来到了胡茂村。在游乐场,他见到了吴延春一班人,大家就坐在路边的石台上聊了起来。

"马教授,我们说的摩天轮怎么样?队长没说行,也没说不行呢。"老吴一坐下就急着打探消息。

"咱们园区如果上了摩天轮,一年能运行多少天?"马卫明没有回答老吴的问题。

"五一、十一、春节三个小长假,加起来近一个月呢。一张票卖50,平均一天100人,一年就能增收15万,投入60万,四年就能回本。"老吴对答如流,这笔账他早算过多次了。

"摩天轮运营需要成本,每天的运营成本多少钱?"马卫明笑着问。

"运营成本,一天应该没几个钱吧?"这么一问,老吴有点蒙,这个问题他还没仔细合计过。

"平时不运营,维护费用是多少?摩天轮对安全的要求很高,安全措施想过吗?"马卫明又问。

老吴有点"蒙圈"了,这些问题他真没系统考虑过,他摸着脑门小声嘀咕:"这些应该都没几个钱……"

马卫明又趁热打铁,把"集体会诊"的讨论情况一股脑搬了出来,重点讲的还是要拉长乡村旅游产业链、增加盈利点、提高防控风险能力等问题。老吴和村委成员听得目瞪口呆,服务队的"高端"话题他们从来没有研究过,有些甚至是第一次听说。

等马卫明一离开,老吴大手一挥:"咱们先联系厂家,把马教授说的摩天轮的日常运行和维护费用算一下。"

摩天轮已经成了老吴的"心魔"。同样的,它也是服务队的"心魔"。而双方对于它的理解却不一样。老吴和村"两委"班子成员的出发点在于尽快打造一个标志性的建筑,在游乐园的基础上增加高大上的游乐设施,扩大影响,提升知名度,快速增加收入,村集体有收入、村民有钱花,胡茂村不就"振兴"了吗?而服务队的想法是,提升村庄"造血"功能,不能把鸡蛋放到一个篮子里,要给村庄找到一个有特色、有竞争力、可持续的产业发展模式,这种模式既要符合村庄的现实需要,更要满足村庄的长远发展需要,能最大限度地规避市场风险,能一步步地走下去,远不仅仅是几年之后,而是十年甚至更加久远。

在接下来的一段时间里,双方的"心魔"在碰撞的过程中似乎已经成了难以调和的矛盾。而随着服务队内部的激烈讨论,马卫明与村"两委"班子的深入交流,在临时党支部副书记李华做了服务队第一讲——产业振兴专题讲座之后,大家的思想渐渐统一,思路也渐渐清晰起来,陷入的僵局终于迎来了转机。

如何化解?请省城的专家和学者把脉支招。

二、危机与希望

2018年10月30日,省农科院可持续发展研究所二级研究员季明川应服务队邀请来到胡茂村。季明川是国内知名的农业经济专家,享受国务院政府特殊津贴,可谓农业农村经济发展战略研究领域的大咖,政策理论水平高,实践经验丰富。老吴带着季明川在村里转了个遍,也把村里的情况介绍了个底朝天。季明川亲自问诊把脉,就胡茂村整体推进乡村旅游实施指方向、明思路、谈举措,鼓励村里在拉长旅游产业链上再下功夫。

紧接着,省农科院可持续发展研究所党总支书记、副所长王祥峰,省牧草产业技术体系岗位专家、科研管理科科长贾春林,都市农业研究室主任姚慧敏一行三人来村里指导;省文旅厅规划处处长蒋卫东、山东财经大学旅游系教授王旭科也先后来到胡茂村。

"我们乡村旅游,既要土得掉渣,又要阳春白雪,要让来游玩的人打眼一看有品位,游玩起来有滋味,回去想想有回味,来一次还想来第二次。"

"把一些老物件收集并保护起来,让人们记得住乡愁。我们能不能把你们收集的宝贝请出来,让来玩的人们来一个体验游?"

"可以上一些错时错季的果树采摘项目,既有生产效益又有旅游收益,还能凸显乡村旅游的特色。"

"可以多走出去看一看、学一学,很多地方的乡村游都搞得很有特色,可以多借鉴别人的成功经验。"

"乡村旅游的名片要擦亮,名声要打响,要广而告之聚人气,既要发展假期经济,更要搞好周末经济,要发挥好'一腚坐三县区'的地理优势,做好吸引周边游客的文章。"

……

专家们的支招仿佛给老吴一班人送来一把钥匙,开启了胡茂乡村旅游持续发展的大门。

"是啊,经过两年多的努力,胡茂村有了翻天覆地的变化。以前总感觉自己的村已远近知名,生活相对宽裕了,环境更加优美了,可如果被眼前的这些变化蒙住双眼,堵住思路,说不定几年后自己的村就会从先进村变成落后村。"

想到这些,老吴十分着急,连续召集一班人开会,几次会议都开得空前热闹。"不知道的都以为服务队是咱村里的人,人家把村里情况摸得比我们一些村干部都清楚。又请来这么多专家指导,专家就是有水平,人家说得多好。我们胡茂现在就是逆水行舟,不进则退!"孙方同的一席话又引起了共鸣,大家讨论得更热烈了。

"那大家都说说,下一步我们胡茂发展点什么?"老吴的一句话让热闹的场面安静下来。他环视了一下他的搭档,迎接他的是一整屋的低头沉思。大家都感觉专家说得有道理,但具体怎么搞,谁也说不出个所以然。

春节马上就要到来,这可是胡茂村游乐园的黄金期。在几次商议之后,胡茂村人终于闹出了些小动静。

村委一班人分头行动,有的开着村里的小火车去县城转圈做宣传,有的到学校门口赠票,老吴也不停地在自己的微信群朋友圈不遗余力地做宣传:春节游玩去哪里?来胡茂!初一到十五,胡茂天天有演出!

"张处,我有二十多个微信群,几千个微信好友,一发就有上万人看到,这效果杠杠的。"这天老吴拿着手机对下村的张继文说。

张继文了解了胡茂村的春节活动后给老吴现场支招:"吴书记,春节这么大的客流量,咱们可以和一些大的企业、商场、超市联系一下,春节也是他们的黄金期,商场、超市租咱们的场地卖货能增加他们的收入,一些企业赞助演出又能节省咱们的开支……"

"我马上打电话跟他们说,都去跑企业、商场,每人怎么也要跑来五家以上。"不等张继文把话说完,老吴就开始了电话办公,安排任务。

春节是家人团聚、走亲访友的日子,胡茂村一班人却异常忙碌。2019年春节是胡茂村历史上辉煌的一刻,整个春节游乐园接待游客近10万人次,盈利20多万。老吴的脚在大年初一受伤了,他脚上打着石膏手拄双拐到处指挥,成了园区一道别样的风景。对他而言,每天的门票收入是最好的止疼药。

正当老吴盘算着2019年的收入能否过百万时,传来了一条消息:"吴书记,听说县里有一个村的'游乐园'属违章建筑,被关了。"

这个消息如晴天霹雳,给老吴浇了一头冷水。同胡茂村一样,那个村也是县里乡村旅游的一颗新星,是城里人节假日休闲旅游的好去处。老吴马上和其他人一起开车去那个村转了一圈,看着已经拆得七零八落的游乐园,老吴心里真是难受。他开始担心自己倾注了两年多心血的这个游乐园也会遭遇同样的命运。

"你们的游乐园可能也保不住了,要做好拆除的准备!"惶惶不可终日的老吴接到一个电话。

虽然老吴有了一定的心理准备,可听到这个消息他还是不敢相信自己的耳朵,面色一下子变得灰白。旁边的人吓了一跳,刚想过来询问,没想到老吴突然放声大哭起来。年近六十的他哭得像个小孩子,让人动容,劝都劝不住。当大家逐渐了解到是怎么回事时,也只能无奈地摇着头,唉声叹气。

"给服务队打电话,请他们给想想办法。"孙方同的一句话提醒了老吴。

贾无在老吴泣不成声的倾诉中大体明白了是怎么回事,因为近些日子服务队也在关注着全省各地违建整治拆除动态。挂掉电话,他立马带着张继文和马卫明赶到了胡茂。一看到服务队来了,豆大的泪珠又顺着老吴那宽大的脸颊滚了下来。

"老吴,哭不是办法,心情我们都理解。如果游乐园属于违建,要拆除谁也挡不住。"贾无见面的第一句话就给了老吴一记闷棍,彻底打开了老吴的泪腺,他的泪水就像憋在水管里的自来水,从刚刚打开一点的水龙头里珍珠串似的往下滴落,洒在游乐园的草地上。

"不过咱们的游乐园整体没有硬化,没有固定建筑,主体是苗木花卉和草坪,仅有几处简单的游乐设施。是不是违建还需要有关部门评估,现在还没有定论呢,您先别着急。"

听到这里,老吴怔怔地看着贾无。他很想给省城领导好好地反映一下,最好是能找到相关部门或者领导打个招呼,保住村里的摇钱树,可这不争气的泪水却不听使唤地往外流,一句话也说不出来。

"游乐园能保住最好,拆了咱也不怕。咱们村四季有绿三季有花,美吧?咱们周边有两万多亩苗木,是天然氧吧,对吧?村里闲着的房子收拾几间,发展民宿,行吧?把咱们的老物件从展览室弄出来,做农耕体验,也可以吧?咱们还有很多优势,只要我们生产、生活、生态同步发展好,人们肯定都愿意来体验。老吴,咱不怕,虽然咱们这里没有青山没有绿水,但是一马平川做好了,咱照样能做成金山银山!"贾无缓缓地说着,想着给老吴一些安慰。

  一席话,说得老吴心里一亮,心中的阴霾仿佛一下子被驱散。老吴如同一个满血复活的战士,全身上下瞬间就充满了看得见的希望和贯穿全身的力量,泪水止住了,脸上逐渐明媚起来。是啊,游乐园是胡茂村旅游的起点,但只是一个点,以后会有更多更好的点出现。想着贾院长的话,一幅新的乡村旅游蓝图开始在老吴的脑海中展现。

  最终,胡茂村的游乐园没有被拆除,可老吴的关注点却不再仅仅是游乐园了。

三、破茧,从相信开始

  一年之计在于春,一日之计在于晨,老吴感觉老祖宗的这句谚语特别好。以往每天早上天一亮,老吴会准时出现在游乐园门口,察看情况,发微信朋友圈。

  从2019年的春天开始,细心的微信好友发现了一个变化,那就是老吴早上所发微信朋友圈内容,已不再局限于游乐园和街头巷景了,树莓、葡萄、猕猴桃、盆景等渐渐地多了起来。大家都知道，游乐园是老吴的宝贝疙瘩，他怎么突然就鼓捣起树莓、葡萄了呢？

这天吃完早饭，贾无正在看报纸，张继文拿着手机进来了。"院长，老吴种上树莓和葡萄了，这树莓我还是第一次听说呢。"张继文进门就说。

"树莓是一种小浆果，也叫覆盆子。可以鲜食，可以入药，也可加工成饮料、果酒，还可当作化妆品原料，是当今国内外比较时尚的小浆果。"贾无前期在村里调研的时候就注意到了那个采摘园，也做了些了解，说起来如数家珍。

"原来就是覆盆子啊，我小时候可没少在山上摘，想不到它还有这么好听的名字。"

"叫上老马，咱们去看看。"

胡茂村"两委"班子正带着干部群众在葡萄地里忙活，一看服务队一行来了，老吴扔下手中的剪刀就迎上来了。

"院长，这是我们去年种的葡萄和树莓，葡萄种了六亩地的，三千多棵，树莓种了一亩多地的，一千多棵。要让来游玩的人不但玩好，还可以采摘些水果。原来没大注意管理，现在我们得好好修整一下，让它们快点发挥效益。"老吴搓着沾满灰土的双手乐呵呵地说。

"这葡萄是什么品种啊。"

"一个伙计不种了，把葡萄苗给我了，他也不知道什么品种。"老吴边说边用袖口擦汗。

"树莓呢？"

"俺们听说树莓吃起来味道鲜美，还能加工成果酱、果汁、

服务队邀请山东省农科院专家对葡萄种植进行技术指导

果酒,有开胃、助消化、降血压等好多药用价值,市场前景可好呢。"老吴也不知道树莓什么品种,干脆来个答非所问。

按照老吴的设计,贾无应该再询问产量和效益才符合剧情的发展,老吴早已准备好了台词:采摘发展好的话,每年能增收至少五万元呢。可是贾无一会儿在远处看整体长势,一会儿又到跟前扒拉几下叶子瞧瞧树形,看得很仔细,却没再问什么。老吴的心里有点犯嘀咕,拉长乡村旅游的产业链,增加收益增长点可是专家说的,我都关注采摘了,怎么就不给个肯定呢?

过了一段时间,贾无和队员们又来到采摘园。这时的树莓有的已经坐果，白里透绿的小果稀稀拉拉地点缀在植株里。

这一次，老吴得到了回话："咱们能想到发展采摘，非常好，但一定要注意品种的选择和田间引进。树莓这类浆果不耐运输，鲜食适口性不是很好，产量低而且果期不长，植株刺又多，作为采摘产品附加值不高，效益也一般。"贾无把近几天经多方咨询了解的情况告诉了老吴。老吴边听边不时地点头，因为上次没有听到服务队肯定的话，做事用心的老吴便进行了多方打探。

"葡萄我也不太懂，但我感觉咱们的管理不对劲，具体怎么不对我也说不上来。这样吧，老吴，咱们和省果树研究所联系下，请他们派专家来指导指导。"贾无马上安排高新昊与省果树研究所党委书记陶吉寒联系，邀请专家前来指导。

第二天，省果树研究所副所长、研究员、葡萄专家李勃等一行三人便出现在胡茂的葡萄地里。听说省内顶级的葡萄专家来了，老吴忙把村里公认的种葡萄好的土专家都招呼过来，并交代他们要珍惜机会，好好看，好好学。

可是，当看到顶级专家的尊容时，大家心里却有点小失落，他们全都面色黝黑，衣着打扮也和村民一个样，走在大街上，和普通村民没有任何差别。

"这就是葡萄专家？"

"听说都是博士呢。"

在大伙疑惑的目光中，李勃开始了葡萄栽培技术的讲解："土水肥管理、病虫害防治、果树剪枝和埋设架材是葡萄管理的几大要素。成活在水，说的是种的时候要多浇水。壮树在肥，说的是成活以后要科学施肥。施肥时要先稀后浓，先少后多，少吃多餐。葡萄的修剪很重要，科学合理的修剪会让葡萄树干更加强壮，挂的果又大又多。看这个，这些芽留一个最强壮的，其他的都剪掉，再有芽出来也要及时抹掉，要不它会消耗大量营养。"李勃用大家都能听得懂的话耐心地讲解。

专家们一边讲解一边操作，服务队、村干部和群众也都认真地听认真地学，跟着操作。围绕生产管理问题，大家不时交流互动，现场一片热火朝天的景象，一直忙活到中午十二点多。为了尽快完成修剪任务，专家们坚决不去饭店不午休，让老吴派人把大包子送到了地头。大家坐在地头的土堆上，就着几瓣大蒜，三下五除二地就解决了一顿午餐。

通过近一天的努力，六亩地的葡萄修剪顺利完成了。看着修剪过的葡萄树，大家都很兴奋，老吴的大脑里已经幻想着丰收的景象啦。服务队平时很少一次干这么长时间的农活，等坐上车往回走时，大家纷纷感到腰酸酸的，腿麻麻的，有人胳膊都快抬不起来了。

可没过几天，看到老吴的朋友圈，李勃着急了，他忙打电话给老吴："吴书记，不是说好了葡萄只搭一层，你怎么搭了两层呢？"

"两层结果多，而且也好看呢。"

"两层营养跟不上，长不起来。"

"能长起来，咱这儿老百姓都是这么搭的，产量更高。"

老吴很倔。一看电话里说服不了老吴，李勃马上安排好手头工作，带着专家又赶到了葡萄地。一上午的时间，老吴看着精心设计的两层葡萄架又被修成了一层，心里直嘀咕，两层产量高，当地老百姓种了这么多年都靠这增产，专家偏偏说架一层葡萄的质量更好，而且不会减收，这到底靠不靠谱？

接下来发生的事，更是让老吴无法理解。葡萄开花了，老吴美美地在朋友圈晒，李勃看到后，又带着专家杀过来，咔嚓咔嚓几剪子下去把一些新萌生的枝条给剪掉了，仅在每根果枝上保留了一两个果穗，其他已经开花的果穗也全给掐除了。这让老吴的心一阵阵收紧。

但是，老吴这时没有再提任何意见，即便心里还敲着小鼓，有一肚子的疑惑。因为他知道，这些仅有几面之缘的专家为的是胡茂村的发展，否则不会多次奔波于这个"偏远"的村庄。老吴知道，专家们都很忙，即便无法抽空前来，他们的心也像葡萄树始终扎根在这片土地上一样，天天关注着这里，牵挂着这里。

老吴记得清楚，有一天，马卫明接到了省果树研究所葡萄专家李勃的电话："马教授，我从朋友圈看到老吴葡萄地里的地布铺错了，我今天出差过不去，给老吴发信息了，你们抓紧去看看吧。"原来，地布本应该铺在植株底部两侧，以发挥防草保湿、透水透气、保持地面清洁的作用，结果村民把地布铺在过道上当地毯用了。二话不说，老马赶紧赶到村里纠正铺法。

正是在这些奔波中，胡茂村人和服务队、省果树研究所的专家们建立了深厚的友谊，他们无比信任这些专家。

服务队的工作日志上记下了专家们一次次的行程：

2019年5月24日，省果树研究所专家李国田到胡茂村进行猕猴桃栽培技术指导。

2019年6月18日，省果树研究所李勃副所长和几名专家一起到胡茂村进行葡萄栽培技术指导。

2019年6月20日,省果树研究所专家李国田到胡茂村指导生产。

……

粗略统计,在一年多的时间里,省果树研究所专家到胡茂村现场进行技术指导就达30余批120余人次!在现代科技与传统经验的较量中,他们不辞辛苦,不厌其烦,他们的目的简单而又明确,就是要为这片采摘园插上科技的翅膀,不达目的不罢休。这是省果树研究所专家们的初心,也是他们对一个偏远乡村产业发展的承诺和期盼。

在省果树研究所专家们来回奔波的同时,省农科院可持续发展研究所的王祥峰书记和专家们也没闲着。乡村振兴,规划先行,为了做好胡茂村的乡村振兴实施规划,王祥峰带着专家十数次往返于济南和胡茂村,调阅资料、实地考察、组织座谈交流……

他们做了那么多乡村振兴规划,经验应该非常丰富,怎么还来回跑了这么多趟呢?带着疑问,笔者通过电话向王祥峰书记请教。电话那头的王书记笑了:"做一个乡村振兴规划,既要吃透上情更要摸清下情,既要了解外情更要掌握内情,既要解决好村里当前的问题,更要管长远。"

通过电话交流,笔者还了解到为了支持包括胡茂村在内的五个村的产业发展,可持续发展研究所连续两年申请了省农科院的科技创新工程项目,先后拿出150余万元支持东疏镇"十八黄茂"片区打造乡村振兴齐鲁样板,仅为胡茂村新上陆地猕猴桃采摘园和绿色果景园设施葡萄、猕猴桃采摘项目就投入了近20万元,支持胡茂村提高设施设备水平，购置优质葡萄与猕猴桃种苗。

当问到这期间有没有遇到困难时，电话那头的王书记沉了一会儿说："农民很朴实，也很现实。在质量和数量面前，他们往往更倾向于数量；在当前和长远面前，他们更看重当前。而我们帮他们上项目，既要考虑他们的现实感受，更要引导他们向数量与质量并重转变，管当前更管长远！"

专家请来了，通过专家们的悉心指导，胡茂村现有的产业发展已初显成效。如何让村里产业发展得更好，选准新上更多更好的项目？服务队开始往长远考虑。

"请进来的同时，还要走出去！"这成了服务队所有队员的共识。要带着村"两委"班子和村民走出去，开眼界，拓思路，要让先进地区产业发展的成功实践走进胡茂人的视野，走进胡茂人的心。让我们再来看看服务队的工作日志：

2019年3月11日，服务队带领胡茂村"两委"成员赴省果树研究所考察学习并参观果树试验基地。

2019年4月8日，服务队同胡茂村"两委"成员到泰安市亓家滩考察学习产业发展。

2019年5月15日，服务队陪同胡茂村"两委"成员再次赴省果树研究所参观果树示范基地。

2019年7月3日，服务队队员马卫明、省果树研究所副所长李勃带领胡茂村"两委"成员到曲阜高楼村考察葡萄种植。

2019年7月4日，服务队队员马卫明同胡茂村"两委"成员到济南鑫翔农业有限公司考察葡萄种植和采摘项目。

汶上市古城村，新泰市掌平洼村，泰山区省庄镇安家庄村，岱岳区道朗镇八楼村、东西门村、北张村……几个月的时间里，服务队带着胡茂村一班人外出考察十余次。

专家的亲临指导给胡茂人很多触动，而参观学习不仅仅让他们开阔了视野，增长了见识，更让老吴和胡茂人的思想观念有了大转变，可以说是颠覆了他们的传统生产观。他们终于明白了科技的力量和价值所在，感受到了科技所带来的效率、质量以及难以想象的效益。

"人家种的葡萄一斤能卖到180元，咱们这一斤也就块把钱，一斤抵咱200斤呢。"

"人家的品种就是好，吃起来特别甜。"

"看看人家的管理，颗颗葡萄又大又光亮。"

"和人家一比我们太落后了。"

……

每一次外出考察学习归来，村"两委"成员们都感慨万千。曾几何时，他们为自己的创业成功而骄傲，为自己的成果丰硕而自豪。他们完全没想到，外部的世界如此大，外部的景象如此热闹，在外部快速发展的时候，自己已被传统的观念和曾经的成绩困在了原地，已被自我封闭、自我满足和经验主义禁锢了思想、遮住了视线，就像生活在茧里的蛹，亟须破茧而出。

科技是现代农业农村产业发展的制胜法宝。通过考察学习，老吴彻底想明白了，要让胡茂村继续走在前列，要把胡茂村建设成为乡村振兴的"高地"，必须依靠科技。

而服务队的到来，为他们破茧提供了难得的机遇，因为老吴知道，服务队的身后有着巨大的科技和信息资源。他们需要做的就是铆足劲积蓄能量,借力科技,加快成长,直至蜕变。

四、化蝶,借助科技的翅膀

突然有一天,很多胡茂人都惊奇地发现了一个变化,村"两委"成员把"问服务队""请服务队""找服务队"变成了口头禅。服务队成了胡茂村最信赖的人。

"张处长,过几天我们的摸鱼池开业,有时间来玩啊。"这天,老吴和下村的张继文聊天,又把准备开业的情况介绍了一遍。

"吴书记,我们能不能搞一个摸鱼比赛呢?"张继文想了想问道。

"比赛?"

"是啊,到时候可以根据摸到鱼的重量、数量设置一、二、三等奖,发点奖金,更能吸引人气。"

"好啊,那就麻烦您帮忙策划一下吧。"

"没问题。"老吴不客气,张继文也不犹豫,这就是胡茂人和服务队间的默契。

没几天,"胡茂景区喊你来摸鱼"的海报在村民的微信朋友圈疯传开来。摸到的鱼可以免费带回家,还有奖金可拿的消息吸引了众多人的眼球。

高考结束后的第一个星期六,胡茂景区首届摸鱼大赛开幕。老吴看到摸鱼池里人比鱼多,脸上都乐开了花。老吴心里想:小点子带来了大效益!服务队的主意就是好,以后要多向他们请

服务队在胡茂村策划并参加摸鱼大赛

教,多与他们探讨。

"李博士,你觉得我们村的产业项目发展点什么好啊?"省果树研究所李勃副所长来村指导葡萄生产的时候,老吴抓住机会赶忙向他请教。

"咱们村有乡村游的基础,但是游乐园这些项目太单一难长久,辐射范围也有限,咱周围这些地方的人来个一两次,就玩够了。"

老吴心里一直敲着小鼓,最近宣传力度这么大,但是再也没出现"摸鱼池里人比鱼多"的情景。

"其实乡村游和采摘是个很好的结合，采摘的关键有两个：一个是错季，一个是品种选择。"李博士似乎看透了老吴的心思。

"对啊，咱要想吸引游客，得让他们什么时候来都有玩头、有看头。"老吴一拍脑门，不假思索地说。

说干就干，老吴马上联系马卫明，把准备上设施采摘草莓、葡萄的想法一股脑地说了出来。

服务队队员们听说后都很高兴，没有比人更高的山，没有比脚更长的路。半年多了，从游乐园到陆地采摘，再到设施采摘，胡茂人的思想在改变，思维在转变，思路在拓宽。这种变化正是服务队和专家们希望看到的，看到这种变化，他们由衷地高兴。

在一年多的时间里，服务队始终坚持正面引导，从科技、文化、知识等方面给予帮扶，想方设法让胡茂人提高接受新生事物的能力和水平，让他们信科学、学科学、用科学，想方设法邀请专家学者给胡茂发展插上科技的翅膀。科技列车开进来，农民腰包才能鼓起来，百姓生活才能富起来。

在胡茂村村委会办公室，老吴一班人正和服务队的贾无、李华、张继文、高新昊、马卫明一起讨论设施采摘。看到自己的想法得到了服务队的肯定，老吴春风满面，目光中自信满满。

"服务队带我们出去考察，我们都开了大眼界。特别是济南，人家种的葡萄是市场上最受欢迎的品种之一，叫阳光玫瑰。大棚种植要比露天种植早上市一个多月，刚上市一斤能卖到180元。再就是草莓，春节就能上市，一斤能卖到30多元。我们计划按照服务队帮助村里做的规划，利用帮扶资金建两个冬暖式大棚，一个种葡萄，一个种草莓。"老吴一脸兴奋地说。

胡茂村绿色果景园开工仪式

接下来的日子里，胡茂村"两委"班子开始广泛征求村民的意见，到周围了解果树采摘发展情况；同时老吴嘱咐老马帮着写报告，进行可行性分析，最后确定建设一处集采摘与观赏于一体、一产三产相融合的绿色果景园项目，种植优质葡萄。

2019年7月29日对胡茂村而言是非常值得铭记的一天，胡茂村绿色果景园项目主体工程——4000平方米的冬暖式日光温室开工奠基。

在项目建设过程中，服务队协调山东农业大学和省农科院等单位在新品种引进、技术指导、质量控制等方面给予了全方位的支持，随后，冬暖式日光温室建成，3000多株阳光玫瑰、茉莉香高端葡萄在这里顺利安家落户。

老吴的早课又转到温室葡萄了！一大早老吴就到温室转，并在朋友圈晒一下自己的宝贝，从栽植、发芽、长叶到搭架……

在葡萄生长关键期，每天一早看老吴的朋友圈成了李勃的早课，该浇水了、要施肥了、有些杈要掐掉……李勃会及时指导，必要时通过电话仔细嘱咐。这些葡萄苗从一出生就被插上了科技的翅膀，看到这些苗苗壮成长，老吴不由自主地想到丰收的景象，心里美滋滋的。

老吴一边忙着管理葡萄，一边想着果景园二期建设，根据规划再种上20亩的猕猴桃，到时候肯定能吸引更多的游客。明年一开春就开干，老吴早早地和"两委"成员达成一致。

2020年春节到了，老吴原本打算春节期间在村里搞春节七天乐，园区几十个摊位都已早早地被预订一空。可突如其来的新冠肺炎疫情打乱了原定的活动计划，老吴筹备很久的春节大场面落了空。这是一场没有硝烟的战"役"，村"两委"成员义无反顾、挺身而出，冲锋在疫情防控第一线，他们是胡茂村抗击疫情的主心骨。在他们的带领下，各党小组也担负起突击队的职责，每名党员都身先士卒，昼夜防范。服务队也及时跟进了解镇村疫情防控工作的进展和需求，并从服务队办公经费中挤出6000元为村里购置急需物资，帮助村里解决战"疫"工作的燃眉之急。

2020年春节游乐园没能给村里带来收入，可老吴和村"两委"一班人谁也没有怨言，反而更加坚信服务队说过的话，"乡村旅游产业链越长，抗击风险的能力越强"。原本的工作还要继续推进,服务队同村干部主动出击,积极化解疫情带来的影响,借助旅游"空窗期"开展景区品质提升,吸纳本村村民特别是低收入户20多人在园区内工作,为疫情期间留守在家的村民提供工作岗位和经济来源。

季节不等人。随着春天的脚步越来越近,老吴带领一班人边抗击疫情边着手绿色果景园二期建设,因为按照规划,开春还要再种植20亩猕猴桃呢。虽然不能出门,可老吴的电话一直没闲着,他四处打探,收集着苗木的有关信息。

随着疫情取得阶段性胜利,老吴一班人立马带领全村投入复工复产中。马教授和村里一班人也马不停蹄地奔赴泰安、淄博,考察景观苗木和果树苗木市场行情。

这天晚上,张继文接到老吴的电话。

"张处长,我们正在开会,讨论果景园二期建设呢。计划再流转土地20亩,种植黑松。"

"黑松现在很畅销,今年花一百元一棵种上,明年一棵就能卖120元。你觉得这个行不行?"

听老吴这么一说,张继文吃了一惊。2010年,东疏镇通过招商引资引进了一家园林公司。这是一家上市公司,经济实力雄厚,苗木需求稳定。公司先后投资8亿元在东疏打造苗木基地,胡茂村就处在这个基地的腹地。抓住东方园林打造苗木基地的契机,村"两委"通过大量耐心细致的思想工作,流转了2000亩土地,连片发展苗木。苗木发展在当时作为一项新兴产业,为村民和集体带来了可观的收入:村民可以直接获得土地流转费,还可以就近到园林打工,赚取一些打工收入;村里成立了服务公司,购置了大型吊车、铲车等设备服务园林发展，每年也有了比较稳定的经营收入。可随着这几年国内绿化苗木市场逐渐饱和，常规苗木面临着激烈的竞争压力，发展之路越走越窄。

果景园二期规划的是上陆地猕猴桃采摘，现在种植黑松，这不是又回到老路上去了吗？这可怎么办？

"吴书记，黑松我不是太了解呢，你先等我了解下情况，咱们再沟通。"

挂了电话，张继文马上找马卫明沟通了解相关情况。老马和村里一块出去考察过几次苗木市场，但老吴这个新想法他也是前一天才知道。黑松是老吴的一个朋友推荐的，眼下黑松比较畅销，老吴是在朋友的推荐下才想新上黑松项目的。俩人琢磨着，这是一件大事，涉及胡茂绿色果景园的发展定位，不能轻易改变规划，于是立刻把这个信息报告给了队长贾无。

听到这个消息，贾无并不感觉突然。因为通过一年多的接触，他对老吴的行事风格已经相当了解。老吴是个急性子，眼看着受新冠疫情影响，游乐园收益如此惨淡，他怎能沉得住气，他恨不得马上找到一个短平快的项目，挣上一大笔钱来弥补疫情给村里造成的经济损失。

"规划不能轻易变。你俩抓紧通过一些苗木专家了解一下黑松的市场价格和发展前景，然后跟老吴好好聊聊，需要的话我们再请专家来帮忙看看。"贾无沉思了一会儿，开始安排部署。

第二天张继文和马卫明赶到胡茂村。"吴书记，黑松你们考察过吗？"张继文看到老吴就急切地询问。

"考察过，现在黑松市场价格不错。"

胡茂村果景园建成

"现在有多少种植的?有多少准备种植的?"

"这个不大清楚呢。"

"今年的市场考察了,以后市场的需求量做没做过分析研究呢?"

"这个,也没有……"

听到老吴犹豫的回答,张继文趁热打铁:"吴书记,咱们上项目不要只看眼前,要看长远,不能跟风扎堆,种不种黑松还要再仔细琢磨琢磨。"

接下来马卫明给老吴讲了个故事:一个镇上有一座加油站,

生意很好；另一个人来了，建了一个饭店，生意也很好；第三个人来了，建了一个超市，生意也很好，而且整个镇也繁荣起来了。另一个小镇也有一座加油站，生意很好；接着来了一个人，看到加油站生意好，也建了一座；后来又有一个人建了一座更大的加油站，最后他们的生意都不怎么样了。老马讲得很生动，大伙听得也很认真，他们立马明白了老马的良苦用心。

第二天清早，张继文和马卫明在果景园二期项目基地碰到老吴一班人正在商量着什么。一看两人来了，老吴忙上前打招呼："我们打听了很多人，现在种黑松的真是不少，以后的市场可真说不准。这不，我们正商量着如何按照规划上猕猴桃采摘呢，专家介绍说猕猴桃喜阴，那么我们在两边点缀上高大一些的景观苗木，景观树既能遮阴又能增值，这样是不是一举两得呢。"

听着老吴的介绍，张继文和老马对视了一眼，会心地笑着称赞：有果有景，这才是真正的果景园啊。

说干就干！老吴和村"两委"班子成员带领大家，白加黑、五加二、紧锣密鼓地展开了占地近 20 亩的绿色果景园二期建设。

由 2600 棵猕猴桃树组成的 14 个猕猴桃长廊在不到一个月的时间就建造完成，采摘步道也铺装结束。间种的景松、国槐、大叶女贞、高杆石楠、石楠球、白蜡、冬青和两万余株品种月季等观赏苗木和花卉，用大头月菊加以衔接勾勒，加上淳朴自然的仿木座椅和方桌点缀，汇成了一幅极富诗情画意、精致绚丽、怡然自得的风景画卷。

五、与村庄一起，展翅高飞

2020 年 7 月 10 日

李勃：绑晚了，抓紧绑，光除草，没管树啊。

李勃：长到顶的拉上铁丝，往里爬。

吴延春：谢谢李所，知道了。

2020 年 8 月 26 日

李勃：该打顶了。

吴延春：好，收到。

这是吴延春微信朋友圈里的对话，与他聊天的是前文中提到过的省果树研究所副所长李勃。省果树研究所位于泰山脚下，胡茂村是泰安市宁阳县最西南处的一个村庄，两地相距近百公里，但在现代科技的助力下，空间距离并不妨碍大家的互动和对话。

吴延春喜欢把葡萄剪枝等技术管理场面发到朋友圈，包括李勃在内的与他仅有几面之缘的省果树研究所的专家们便通过朋友圈时时关注胡茂村的葡萄和猕猴桃，通过各种方式给予指导。

这些过去在村民的印象中有着高学历、高职称以及高职务一直"高高在上"的农业大咖们，现在离胡茂不再遥远，离胡茂的村民也不再遥远。他们倾其所有，毫无保留，将对农业、农村、农民的热爱一股脑地送给了这个小小的村庄，为它的发展插上了科技的翅膀。

于是，这个历史悠久的小村落在科技的助力下，开始飞翔。而联结他们的，就是一条由信任铸就的桥梁，搭建桥梁的，正是我们所熟知的乡村振兴服务队。

2020年的夏末，胡茂村的葡萄熟了，来自兖州、汶上和宁阳周边的无数游客慕名而来。这里的葡萄个大、形美，味道香甜，价格公道，成为吸引客流的一大亮点。

村主任孙方同乐呵呵地告诉笔者："现在我们已有三亩葡萄进入盛果期，在专家指导下，产量达到了1.6万斤。现在，我们村也有自己的技术员了。这要感谢服务队，感谢果树研究所。为了吸引游客，打响品牌，俺们想了好多营销办法，前来的游客不光能采摘和购买瓜果蔬菜，还能在村里的游乐场免费游玩。"

在葡萄和猕猴桃采摘体验功能逐步完善的同时，一个一二三产融合发展、农业文化旅游三位一体的乡村旅游样本已经初具雏形。村里投资130万元注册成立了"胡茂村乡村旅游合作社"，由村党支部领办，成立产业党小组具体运作，开辟了园林观光路线，建设了体能拓展训练项目，打造了包括垂钓园、动物跑场、摸鱼池、水上乐园、儿童娱乐设施设备等集乡土与现代气息于一体的综合游乐园，还精心打造了颐养花园、鸿运门、松下老翁、思念墙、观龙树等景点，重现了"周仓碑""五圣碑"等历史古迹，建设了两处民俗馆，购置了观光自行车、电动车、马车等，游客中心、停车场、民宿、农家乐等服务配套设施也在不断完善。

胡茂村的乡村游像平地升起的一颗星，闪光耀眼，引来四面八方包括周边县市区的一批批游客。胡茂村由昔日的"烂泥洼""边界村"变成了如今的旅游"打卡地"、美丽乡村建设的样板村。

在村支书老吴的带领下，胡茂村紧紧抓住乡村振兴的机遇，借助科技的力量大力发展现代农业，先行先试大力发展乡村旅游，村集体经济不断壮大，农民也从土地中解放了出来，实现了就地就近就业。胡茂村的发展势头越来越足，村民们的生活也跟着越来越美好。

胡仲代家是村里普通的庄户人家，祖祖辈辈居住在这个村庄。原本家里有四亩地，以种植粮食为主，靠着一年的收成，也吃得饱穿得好，对于多赚钱的事他从来没多想。

随着村子开始规划打造高档次的采摘观光项目，吴延春找到了胡仲代，想要流转他的土地。起初他没有同意，习惯了面朝黄土背朝天的生活，不种地了去干什么呢？另一方面，自己家就靠着这几亩土地生活，流转出去每年每亩就1000多元的收入，放在自己手里还能多赚点。"书记，不是俺不想流转，流转了俺没事干。再说了，流转一年才不到5000元的收入，俺自己种比这赚得多多了，实在是不合算。"吴延春笑了："老胡，土地流转费全县全镇都差不多，俺也不能给你高了。但是土地一流转，你可就从土地里解放出来了，村里这么多项目，还能没有你干活的地方？放心，今天你不种地了，明天就到村里上班去！"这么一说，老胡的眼睛都放亮了，马上同意流转了土地。没过几天他就去村里上班了。他的工作很简单，就是负责果园区的绿化维护，整理整理花花草草，也不用每天都在园区里盯着，家离得近，有事过来就行。即便这样，他每天的平均收入也超过了50块钱。老胡笑着说："现在俺是想吃啥就能买点啥了。"

游客在胡茂村休闲娱乐

每天早上，84岁的村民张来荣都要拿把扫帚把家门口到村广场的小路打扫一遍。他家的小院干净整洁，室内现代家电一应俱全。"做梦也想不到能有现在的美好生活。"庭院深深，小狗小猫蜷卧在大门边打盹，门口石凳，高龄老太拄棍端坐，静享这和谐的发展变化。

民俗馆内，风箱、纺车、独轮车等农村常见的老物件整齐地摆放着，墙上一幅幅党史宣传画，柜台上一本本发黄的老连环画，让参观者仿佛踏入了时空隧道。

蓝天，碧水，骄阳，还没走进消夏乐园，就听到了儿童的嬉戏打闹声。乐园门口挂着五颜六色的儿童泳衣,在万亩苗木园林造就的天然氧吧里,孩子们无拘无束地感受着绿色森林带来的惬意和清凉。

尊重村民意愿擘画乡村发展蓝图,依靠科技发展做优做强村庄产业,培育更多更好更接地气的乡村旅游项目。回顾近两年来胡茂村的发展和振兴过程,可以用一句话来概括,那就是依靠农业科技,培育农村新业态,全力打造一个集生产、生活、生态"三生"体验于一体的乡村旅游新模式。

"打锡壶、吹糖人、摊煎饼、剪窗花、纳鞋垫等一些老手艺将来也要派上用场,要把以往农村的这些家常活,变成游客观赏及民俗体验项目,要让村民靠出售工艺品及手工美食赚钱。"除了坚定信心,依靠科技发展现代农业产业,还要盘活资源,让老古董、老手艺活起来,老吴的思路越来越明确,越来越清晰了。

科技助力是胡茂村近两年快速发展的关键。老吴和胡茂人在传统与现代、习惯与创新的碰撞中逐步转变了思想,更新了观念,信科学、用科技已成为自觉认知和行动,其中一些村民特别是村干部在专家的指导下,已经成为乡村产业发展的行家里手。

为做好借力科技谋发展这篇大文章,服务队不遗余力,按照村庄产业发展规划,多方协调省市有关部门、科研院所和高校,邀请专家、学者、管理人员和企业家亲临胡茂村考察论证、指导培训,解决技术问题,为胡茂村的科技春天注入了源源不断的动力。

胡茂村游客中心有一处"挑山工"主题雕塑,棕铜色的五岳独尊造型里,挑山工正在负重前行。老吴和胡茂人都很喜欢,因为这不仅是一幅漂亮的艺术作品,更是新时代胡茂人的生动写照和完美诠释,象征着胡茂村的党员干部勇做新时代"挑山工",带领着广大村民咬定发展目标,勇于攻坚克难,向着越来越红火的好日子,在乡村振兴的希望田野上坚定地前行。

服务队队员也很喜欢这座雕塑,时常在这里驻足、凝望、沉思。高兴了,在这里开心地笑一笑;气恼了,在这里做几个深呼吸,平稳一下情绪,该干啥就干啥去;遇到难题,坐在这里平心静气开动脑筋想办法;有时被误解,甚至受了委屈,对着"挑山工"唠叨唠叨……但是,服务队思考最多的仍是,如何为胡茂村、为胡茂人创造更加美好的明天,让这个镶嵌在黄淮海平原大地上的美丽村庄,借助科技的力量振翅高飞……

马卫明

　　两年来，服务队带领胡茂村从最初的调研规划、外出考察，到项目的实施落地和全面推进，走出了一条独具北方平原特色的乡村振兴之路。从以前单一的游园式乡村旅游，发展到如今以高端葡萄、猕猴桃种植等农业产业为基本依托，将种植采摘、农产品加工、观光体验、旅游娱乐等要素进行优化配置，通过产业链条延伸，实现产业融合发展，使胡茂村乡村旅游的发展路子更宽、乡土气息更浓、抵御市场风险的能力更强。村"两委"班子成员率先垂范、不畏艰难、勇挑重担的敬业精神，时不我待的紧迫感和高效落实的执行力，更是为村庄发展提供了有力保障，也深深影响着我。七百多个日日夜夜，"两疏故里"的烙印已深深刻下，我完全融入了这个大家庭，成了地地道道的"胡茂村民"……

绿色的音符

彭雁华

科技助农战犹酣,乡村振兴展新颜。
唯有初心多壮志,勇立潮头树标杆。

——题记

在"十八黄茂"食药赏特色苗木园与镇村干部合影

绿色的音符

引子

庚子仲春,我来到鲁西南的宁阳县东疏镇刘茂村采风。一进入"十八黄茂"食药赏特色苗木园,便被这里的绿拥抱了,眼前聚集了世上最多的绿色:葱绿、草绿、碧绿、翠绿、石绿、墨绿、黛绿……当然,少不了七彩绚丽的花朵。然而,所有的花都需要绿色来衬托才显示它们的艳丽。眯着眼远远望去,在广袤大地上起伏蜿蜒、整齐有序的绿色覆盖物仿佛一架巨大钢琴的键盘,绿色的音符悠扬地萦绕在田野上空……

这是我对东疏镇和刘茂村的第一印象。

改革开放以来,刘茂村经历了两次创业,第一次创业为黄色

刘茂村中心大街

的大地带来了绿色的音符，第二次创业虽说是正在进行时，但透过五彩缤纷的音符，驻足者仿佛已经聆听到了美妙的乐曲。

谁是这绿色旋律的作曲人和演奏者？

一片丹心

刘茂村是东疏镇"十八黄茂"之一。据《刘氏族谱》记载，刘姓于明朝永乐五年（1407）由山西大槐树迁居此地，慕"黄茂"

之名，以姓氏取名刘家黄茂。刘茂村地势低洼，自古粮丰草茂，地肥水美，村民世代富庶，乐业安居。改革开放后，村民的日子更是芝麻开花节节高，小日子一年比一年殷实。

刘焕坤是土生土长的刘茂村村民，瘦削的脸庞上，那双眼睛总会放射犀利的光。1993年，28岁的刘焕坤任刘茂村支部书记。没有人知道这个年轻人能为刘茂带来什么，但这个年轻人心里有着带领全村人走上致富路的强烈愿望。

商机总是能被有心人发现的，更何况是一腔热血的刘焕坤。那是普通的一天，刘焕坤这位年轻的支部书记在同村民刘道全的交谈中发现了一个商机。刘道全是县公路局苗圃的负责人，他不仅精通园艺知识，且走南闯北，见多识广，脑子里储存了不少新信息。

"道全，有啥挣钱的项目，说说。"刘焕坤一双眼睛里满是渴求的目光。

刘道全思忖一下说："有倒是有，你不一定能干。"

"啥事？"刘焕坤有些激动。

"我鼓捣园艺苗木这行多年了，觉着这玩意挣钱快。"言者无心，听者有意。这下轮到刘焕坤沉思了，他绷着嘴，目光深邃，眉宇拧成了疙瘩，心想：不干怎么知道能不能行呢。这次交谈虽然平淡无奇，但实实在在地影响了刘茂村乃至东疏镇今后几十年的产业发展。

回到家后的刘焕坤一夜未眠，大概是因为太多想法不断地涌上心头，他畅想了太多关于刘茂村的未来，可以确定的是，他的眼光突破了刘茂这个相对闭塞的小村落。创业不一定能成功，守旧一定不会成功。他很想带领干部群众试一试，闯一闯，就决定先去参观学习下。

第二天一大早，他敲开了刘道全的家门。

"道全，我想去你说的地方转转！"

"咋这么急？"刘道全挠着头。

"车我都借好了。这事十万火急……"刘焕坤打趣地说。

刘焕坤是个不因循守旧的人，更确切地说善于居安思危。南下考察的那天，村民簇拥到村口目送他们远去。那些许不解的眼眸里好似在问：咱这小日子挺好的了，还用再费劲折腾吗？但他们仍然期盼着，期盼着这个年轻的书记可以在那个信息相对闭塞的年代带来一些新鲜事。

此行刘焕坤是做了充分准备的：借了两辆车，一辆是北京吉普，另一辆则是苏联的嘎斯吉普；带了一条当时还算时髦的大鸡牌香烟。经过白天的一路颠簸，天擦黑时才到达南京汤泉。

虽然已经过去20多年，刘焕坤对当时考察的一幕记忆犹新。初到汤泉，见到当地苗圃的老板，刘焕坤忙不迭地从口袋里往外掏大鸡烟时，发现人家口袋里掏出来的、嘴上叼的不是玉溪就是云烟。他伸进口袋里的手紧紧地握着块把钱的大鸡烟，硬是捏出了汗来。汤泉的苗木园着实让刘焕坤大开眼界，他感觉自己置身植物王国。晚上，东道主热情地推荐他们去附近的一家宾馆住宿，160元一间的价格让刘茂人听完头皮发麻。刘焕坤举过头顶的手一挥：先开60公里再找地住！当地的"高消费"让刘茂人着实尴尬了一把。

离开南京，折头北上，来到了江苏沭阳。无论是汤泉还是沭阳,都领改革风气之先,大兴苗木种植业,让当地农民的腰包鼓了起来。发展苗木是可以致富的,带着这个结论,两辆破旧的吉普车颠簸着打道回府。那年,大街小巷响彻的是叶倩文演唱的《潇洒走一回》:我拿青春赌明天,你用真情换此生。在那个年代,刘焕坤的做法也许有赌的成分,但是当他怀着一片真情想为村民做事,又做了大量准备的时候,成功的天平逐渐向刘茂人倾斜。

听说"南下考察团"回来了,村民们仍旧像他们出发时那样在村头迎接"取经人"凯旋,像是在看新媳妇一样热闹。看得出,乡亲们并非完全理解,目光里露出一丝丝好奇和猜疑。村民们虽然对自己的书记敬佩有加,但没人能理解为什么要撇开种了几辈子的庄稼改种苗木。

白天,刘焕坤处理村里的日常工作;晚上,走家串户宣讲,更确切地说是鼓动大家种植苗木。他还自费到泰安林校学习了两个月,又到苗木产业发展先进地区打工偷师学艺。总要有第一个"吃螃蟹"的人,在掌握了生产技术后,刘焕坤在自己的承包地里栽植了国槐、合欢、栾树等苗木,当年收入就达7000元。他又组织召开苗木发展会,明摆着的事实和他那不厌其烦的"煽动性"宣传,打消了村民的顾虑,人们眉上的皱纹舒展开了,刘茂村的创业开始了。

动员过后就是组织。许多村民表达出想种植苗木的意愿后,刘焕坤终于可以大显身手了。带领干部群众外出学习经验,邀请专家学者实地指导,村民没技术就教技术,村民没资金就四处筹集,党员群众干在一起、学在一起,集体这个概念仿佛又回来了。村民刘道顺想致富,但一没资金,二无技术。刘焕坤主动无偿为他提供启动资金，并手把手地传授种植技术。刘道顺刚种苗木时，他整天泡在刘道顺的苗木地里，耐心详细地指导。在他的帮助下，刘道顺当年就赚了5000元。几年下来，刘道顺盖起了二层小楼，并拥有了自己的苗木公司。没过几年，越来越多的村民种上了苗木，有的规模初成，有的成立了自己的苗木公司，甚至还诞生了一个"起苗队"行业，这在拥有"五行八作"的刘茂村成了个新行业。

经过20多年的发展，刘茂村的苗木种植面积，从1993年的37亩发展到现在近2000亩，涵盖20多个系列180多个品种，形成了高中低档品种齐全，大中小规格配套的生产格局，注册了九家苗木绿化公司及苗木合作社，对外销售苗木、承揽绿化工程。刘茂村的苗木发展直接促成了东方园林等上市公司苗木基地落户东疏镇，带动了周边村庄发展苗木，全镇种植苗木四万多亩，东疏镇也因此被誉为"江北第一苗木花卉基地"，被评为"国家苗木花卉标准化示范区"、山东省"苗木十佳乡镇"。"起苗队"队伍规模达到近200人，起苗是个技术行当，技术娴熟的村民一天就能赚500多元。

对于一个村子来说，产业振兴这个底子打好了，村庄的全面发展便顺理成章。

二次创业

一条坦荡的大路走了25年，脚步渐渐放缓了……

俗话说：兵无常势，水无常形。法国梧桐、紫叶李、国槐、黄杨、冬青……这些当年市场走势良好的树种，渐渐显现下行。虽然村民已经习惯成自然，但有两个人却感觉千钧压肩。一个是早已成为管理区书记的刘焕坤，另一个是接棒刘茂村书记的刘道令。两个人既是本家，又是前后任书记，论辈分还是爷俩，但是他们共同的身份是——村民致富的领头人。

2018年春天，寒意未退，党的十九大提出实施乡村振兴战略带来的振奋已如炭火般温暖着亿万农民。刘焕坤这位"老支书"整天琢磨着如何抓住这个重大机遇，刘道令也在思考，接下来刘茂的产业发展应该往哪里走。火花和灵感总是在碰撞中产生的，村委小屋里弥漫着的缕缕青烟便是见证。有别于城市里的奶茶和零食，广大农民通常把香烟作为缓解疲乏的物品，一看这缭绕的烟雾就知道他们谈了很多，思考了很多，最终一个大胆而又具前瞻性的想法被提了出来——刘茂村必须进行二次创业。

如何进行二次创业？

从枝丫吐绿到茂盛，再到秋风落叶，二次创业在等待中，等待中……等待春天到来时再次枝繁叶茂。

秋意渐浓，硕果累累的季节，镇里传来了一条消息，要有一班人马入驻到镇里来并直接服务五个村，刘茂村就是其中之一。消息是条好消息，下派干部也比较常见，或许这次就是人多了些，大家更在意的是有多少帮扶资金。

初次和服务队见面是在镇会议室，作为管理区书记和村支部书记，刘焕坤和刘道令都参加了这次见面会。说不上为什么，他们有一个共同的感觉：这次干部下派可能还真不一般。

他们的感觉是对的，不管是下派规模还是目标定位都可以说是空前的。但在当时，无论是作为服务者的服务队还是作为服务对象的镇和各村，都不知道这个"千名干部下基层"能够带来什么。

一般而言，村里的想法通常很简单，也很朴素，他们并不会期望过高，也不会吝啬于在干部下派期满后给予较高的评价，能够解决几个实际问题就很好，比如偿还债务、修条路等等。总而言之，"您清闲我自由"这种工作状态也是个不错的选项。但是，刘茂人总是看得更远一些，他们清晰地认识到他们的路径需要、方向需求大于问题需要。只是他们暂且还不知道，服务队这一班子人是不是甘于清闲。

"能够带来什么"这一问题萦绕在服务者和服务对象脑子里。就像枝条和砧木嫁接一样，只有性状相近才能够获得成功。

另一边，省派宁阳县乡村振兴服务队入驻后，开始了密集的调研，因为下村频繁，而且身上又没有什么官架子，服务队队员们一两周就和村里的干部群众熟络了起来。来自省法院的赵而祥是服务队在刘茂村的联系人，为人热情憨厚，村里的大小活动都少不了他的身影。他经常在村里一待就是一天，在人堆里不仔细看的话真看不出来他是省里下来的干部，在村里待久了就更和本村人没什么分别了。

皓月当空，晚风拂面，秋虫呢喃。夜深了，刘茂村"两委"小院的灯透过茂密的树叶向夜空弥漫开去。队长贾无和服务队队员们正与刘茂村的"两委"班子促膝长谈。他们围绕着村集体产业发展、苗木二次创业以及如何实施等问题讨论得十分热烈。大家似乎忘却了时间。夜深了，村"两委"办公室仍不时传出热烈的讨论声。

"我看要不然简单点，村里有吹塑厂，可以村集体投资扩大再生产，村里拿分红嘛。"瞬间，房间安静了。这种想法也透露出一种无奈，"二次创业"着实是个难题，何不绕过退而求其次——选择一个既省心又稳妥的办法。大家把目光集中在队长贾无身上，在总结时人们总是习惯这种模式。贾无喝了口已经淡得没了颜色的茶水，眉头渐舒。他说："今天和大家交流了这么多，感觉很受启发。服务队的工作就是围绕中心、服务大局、助力村庄发展，村里想发展什么，我们一定尽我们最大的能力，给予最大的支持。五大振兴中产业振兴是乡村振兴的基础，当然也是服务队的主要任务。每个村的情况不同，发展路径肯定也不同。我们也不用着急，产业兴旺，规划先行，可以先请专家来做做规划，先走出去多看看，就像20多年前一样。"

大家凝神静气，不时地点头，生怕漏下了贾无的哪句话，有的人手指缝里夹着的烟已燃到烟蒂，却全然不觉。透过袅袅烟雾，大家都期望着尽快绘出刘茂产业发展的五彩蓝图。

新春伊始，酝酿了一冬的愿景终于迈出了第一步。

2019年春寒料峭的一天，来自服务队、东疏镇一行四人组成的考察小组来到了省城，花费了一整个上午时间，参观考察了三家"高大上"的规划院。最后，几个人一交流，感觉这三家要么没做过乡村发展规划，要么和农业农村接触得不多，虽然理念很新但实际案例少，都不是很中意。时至中午十二点多，已是人疲马乏。贾无突然想起曾经为省农科院做过规划的一家公司，他心

服务队邀请规划团队在刘茂村探讨规划

想,再去这家考察一下,不行就打道回府。于是就电话联系上了那家公司的负责人。

  这家机构名叫山东三川环境艺术开发有限公司,集规划设计、苗木生产和绿化工程于一体,坐落在山师东路。跟之前三家相比,这家公司显得低调朴素。三川从音上听起来像是山川,名字既大气又接地气。没有宽大奢华的多媒体会议室,也没有高端豪华的接待阵容,更没有山珍海味的丰盛午餐。他们与董事长闫恩贤、公司设计院院长唐照军在一间不大的会议室里见了面,叫了外卖,一边吃着盒饭一边交谈。

双方交谈得很深入。特别是在看了三川公司为高密、五莲等地做的美丽乡村建设规划案例，听了三川公司关于乡村振兴发展规划的编制原则和理念后，考察组成员们紧锁的眉头逐渐舒展，开心的笑容慢慢爬上眉梢。他们肯定、信赖和钟情于这家三川公司了。紧接着，三川公司开启了深入调研模式，两位负责人亲自挂帅，频繁地来往于济南、宁阳之间。在东疏镇的土地上，留下了他们的汗水和脚印。

页页日历的翻动，记载着设计师伏案工作的日日夜夜，记载着一张张设计图的起笔与收笔。一边是省城里紧锣密鼓的规划设计，另一边是村里蓄势待发的干劲，双方共同描绘起美好的画卷。他们筹备着到各个苗木发展的先进地区先看一看，仿佛鸟儿探出头，在确认春天的到来。所有的方案都是立足当下，立足基础，都是往前看，都是往前想。

三度出征

二次创业的大幕徐徐拉开。第一步是"请进来"，自然第二步是要"走出去"。

服务队从入驻后就秉持着"献策不决策、引导不领导"的工作定位，刘茂的事刘茂人说了算，刘茂人想做的事服务队全力帮着办。

这片土地上栽培什么苗木，主打什么品种，这关系到二次创业的成败。服务队义不容辞担起了千钧重担。服务队的人来自省直部门单位，不仅眼界开阔，而且人脉也广。另外一个得天独厚的优势是，队长贾无是山东省农科院的副院长，身后有着丰富的科技和人才资源。农民最盼的就是科技，贾无服务于"三农"，可以说是"近水楼台"。

在草木葳蕤的绿洲下，刘茂人又动起了寻找优质苗木的念头。20多年苗木种植，刘茂村已积累了丰富经验。用贾无的话来说，我们不是雪中送炭，而是要锦上添花。现在做苗木的地区和企业多如牛毛，遴选成了创业者们最大最难的工作。他们并不急于出门，而是在家把功课做细做实。

山东省果树研究所党委书记、理事长陶吉寒研究员带着专家站在了刘茂村的苗圃前。这是一次特殊的专家研讨会，高大的树冠当会议室，绿色的幕帐是投影布，树枝子为教杆。专家们立足于刘茂村的实际和发展前景，就选什么树、怎么种和怎么研判市场提出了切实可行的建议。

服务队和刘茂人热情地发出邀请，希望专家能陪着出去一块看看。随着实际工作的开展，专家们不仅陪同学习考察，而且成了东疏镇的常客，到最后称呼他们"客人"都显得有些生分了。

2019年春，在一个乍暖还寒的清晨，由服务队队员、镇村有关人员组成的12人考察队在贾无的带领下出发了。他们的目的地之一是潍坊市昌邑县，每个人的心里都载着一个美好的绿色的梦。

山东省林木种苗协会会长、威海奥孚集团董事长李元向亲自接待了考察团一行。再次出发，自觉腰包鼓了的刘茂人比20多年前有了更足的底气。"我们感觉已经做得挺好了，但是不看不知道，看完才知道差距。"

这次考察带给刘茂人的感受跟20多年前的类似——还是落后。但是刘茂人因此受到了启发，开阔了思路，决心把此次学习到的经验结合到自身实际上来，做大做优苗木产业，提高苗木质量，规范培育流程，强化市场开拓，推动东疏镇苗木品牌建设，并以苗木发展为契机着力改善和提升镇村人居环境，打造美丽乡村。

从先进的地方回来，服务队又带领刘茂人马不停蹄地到了省果树研究所学习交流，主题是品牌苗木打造和标准化苗木生产。正如刘道令说的那样，当时看到人家的苗木像站军姿一样，一排排一列列，有的苗木还需要"背个棍"来矫正，感到十分震撼。

发展高端苗木能否成为"二次创业"的主攻方向？

三川公司的董事长闫恩贤本就是搞苗木出身，去的地方多，搞的规划也多，对于市场也比一般人看得透彻。完成规划方案的闫恩贤始终没有停止调研帮扶的脚步。他一有时间就往东疏镇跑，用他自己的话来说"跑顺腿了"。他像一位知心大哥，走家串户当起了村民的技术指导员。

又是一次到东疏调研，他跟服务队和刘茂人交流时说，他最近在搞多功能植物开发，以观赏为基础，有食、药、赏的功能，单纯的观赏苗木总是有它的低潮期，如果苗木身上叠加了几个属性，就可以规避风险，可以把利润最大化。令闫恩贤想不到的是，这个想法让大家眼前一亮，得到了大家的一致认同。

通常来说，农民的思想转变比较难，他们一般谨小慎微：种了一辈子地，就是赚这个钱，小富即安，不富也安。闫恩贤如实地讲，刘茂发展苗木产业，20年来就那几个品种，没有进行过更新换代。换新只有两种形式，一个是换品种，一个是换形状，总而言之就是脑袋要顺应市场需求。

解放思想，对于刘茂而言，也是不容易的，这关系到原来的路子要不要走下去的问题。知道怎么干是一回事，下定决心干又是另一回事。提到这里，还有一个小插曲。从潍坊回来以后，服务队和刘茂村"两委"成员带着群众没少出去，有一次就到了有"中国佛桃之乡"之称的肥城，三人成虎，"刘茂不搞苗木了，要搞果树了"的议论不胫而走，还闹出了小矛盾。但实际上，矛盾双方的出发点是一样的，就是如何把路走得更好。

那么刘茂究竟适不适合搞食药赏呢？

服务队联系到了山东省农科院农产品研究所党委书记、山东省现代农业产业技术体系中草药产业创新团队首席专家王志芬。在出发前，王志芬和团队的专家就查阅了有关宁阳以及周边地方的大量资料，了解了当地和周边中药材栽培的历史。

座谈会在轻松愉快的气氛中进行，这既是一堂科学知识普及课，又是一次解放思想的讨论活动。王志芬从改革开放以来不同时期全国和全省农业产业结构调整给农业多元发展带来新机遇入手，对中草药发展现状和前景进行了系统分析，指出中草药产业将是我国"种植结构调整的最后一块蛋糕"，并围绕为什么发展中药材、怎样发展中药材进行了详细讲解。中药材市场需求越来越大，在蔬菜、果树等特色种植调整基本到位的情况下，中药材产业发展愈来愈显示出巨大的市场空间和发展潜力，种植中药材已成为农业种植结构调整的优选项目之一。围绕如何发展中药材产业，王志芬建议通过政府引导和政策支持，调优种植模式与栽培技术，培养和挖掘乡土技术人才等多种途径促进本地中药材产业更好地发展。

座谈会上的气氛十分轻松，在接地气的专家们面前村民们提出了许多长期得不到解答的问题：为什么以前种的中药材没有效益？以前发展桑蚕产业为什么会失败？如果再尝试发展中药材，怎么做才能成功？……专家们对这些问题深入分析，详细回答，提出了破解中药材产业发展瓶颈的路径和对策，表示将根据农民的种植意愿和当地中药材产业发展基础，充分发挥团队的研发优势、产业联盟优势和行业信息优势，从适宜品种选择、种植模式设计、栽培技术服务、市场预测分析等多个环节入手，选准选好发展路径，有针对性地提出建议方案，助力当地中药材产业健康发展。座谈会还没结束，坐在后排的几位村民就开始讨论起金银花、麦冬、丹参等几种常见中药材了，一副跃跃欲试的样子。

一个月后，由山东省农科院党委委员、副院长张立明带队的调研团队来到东疏镇，他们围绕农科院创新项目落地实施进行调研。半年后，林药间种、粮油间作、轻简化施肥、高标准样板田等一系列创新项目、创新模式在几个村子落地生根，如同珍珠一样串在一起，把这片土地点缀得更加美丽。

通过不断的请进来走出去，大家的视野逐渐开阔，思路逐渐统一。正如服务队常提到的那句话：紧抓服务村"两委"班子成员这个关键少数，引导他们特别是支部书记解放思想，更新观念，通过走出去、引进来、深下去，对标先进学经验，对接需求寻支持，对照差距补短板。最后，大家给刘茂村二次创业定了调子：

拿出部分土地做"样板田",大力发展特色苗木。

关于特色苗木园的品种选择问题还要进一步论证,不管什么品种,只要有意向,服务队和村里便一定要去到搞得最好的地方考察学习一番。

2019年的夏天,赵而祥觉得格外炎热而漫长。"从淄博、日照、青岛到周边的市县,苗木发展先进的地方我们几乎都去了,学习内容主要是苗木产业发展,但在组织、文化、美丽宜居乡村建设方面也积极找寻有益借鉴,"对于当时的情形,赵而祥依然记忆犹新,"我比较胖,容易出汗,所以随身带着个小毛巾擦汗,一天下来毛巾都能浸透好几次。"

汗是不会白流的,他们行走的路途越远,离绿色的梦就越近。过了麦收时节,苗木园的土地流转就着手了。地可以等树,但是树不能等地。2019年6月25日,"十八黄茂"食药赏特色苗木园开工建设了。开工现场没有横幅红毯,只有机械的轰鸣和建设者忙碌的身影。

刘茂人总是认准了就干,认不准就到认准为止。到了8月份,经过反复考察,终于初步达成了共识,把皂角树作为主栽品种。赵而祥回忆说:"第一次到菏泽,考察团就相中了皂角树。但一下子拿不准,贾院长就安排联系了专家,专家推荐我们到临沂去考察。到了那儿,不仅有皂角,还有培育的两个新品种,而且两个新品种都通过了省林业厅的审定。我们去看了育苗情况和苗木生产情况,跟专家交流了皂角树现在的产业发展情况和市场分析预测。"通过两次考察,更加坚定了刘茂村发展皂角树和发展深加工的信心。

"十八黄茂"食药赏特色苗木园皂角油菜间作

"皂角全身都是宝！皂角树可以用作观赏，皂荚可以制作肥皂，皂角刺、皂角树皮可以入药，皂角米可以食用，我们预计每亩的收益比平常苗木多出3000元以上，而且管理起来相对容易，还可以发展林下经济。"现在一说起皂角，刘道令总是神采飞扬。

别的地方种皂角树可行，我们这里可以吗？专业的事专业的人来干。服务队又请来了山东农业大学的刘国兴教授，他是山东省苗木协会皂角分会的会长，让他判断刘茂的地域环境、土壤各方面适不适合。刘教授考察后表示没有任何问题，而且他本人也掌握着很多皂角树资源，如果需要的话，他可以随时提供帮助。

专家的意见让服务队和刘茂人吃了一个定心丸。

二次创业的方向和路径，终于确定了下来。

四时气备

"十八黄茂"食药赏特色苗木园项目规划占地面积1300亩，项目定位是打造北方最大的皂角连片种植基地和大型精品苗木培育展示基地，苗木园突出食药赏同源、长中短结合、春夏秋三季并重，最大程度地发挥苗木园的观赏及经济价值，是集育苗、种植、加工、销售与旅游体验于一体，三产融合发展的特色苗木基地。项目一期发展120亩，计划投资260万元，分三个区域：观赏区占地20亩，栽植牡丹、芍药、玫瑰、月季；食药区占地40亩，栽植杜仲、皂角、黄芪、连翘、麦冬；高档苗木区占地60亩，培养金链树、灯苔树、橡子树、青檀等高价值苗木。

春日的刘茂美得叫人如醉如痴，成片的苗木如绿色的海洋，在微风中婆娑起舞，五颜六色的花朵在和煦的阳光下争奇斗艳。

迤逦的绿色风光与洁净的村庄环境，是美丽乡村建设的基础，刘茂村已经走在了"有形之美"的路上。

"十八黄茂"这个美丽的名字应当名副其实。"但在服务队入驻之前，虽然提出了'十八黄茂'品牌，但格局不大，内涵不够丰富。正如'二次创业'那样，怎么叫也叫不响。"镇党委宣传委员赵海燕是土生土长的"黄茂"人，提起"黄茂"，总是眼里放光。

如何把"十八黄茂"叫响，如何让"十八黄茂人"成为"十八黄茂"的受益者，成了服务队深入思考的重要问题。

生长出具有旅游元素的"骨架"，酝酿出有文化内涵的"灵魂"，需要服务队为刘茂村及其周边拟发展乡村旅游的村庄们量身定制出方向。一个没有山、没有水也没有典型代表性的北方平原地区传统村落，唯一有的大概就是"乡愁"了。正因为普通，它能带给所有有农村记忆的人一种熟悉感——梦里老家。

在这个问题上，服务队的破题思路如下：按照生产生活生态"三生同步"、一二三产"三产融合"、农业文化旅游"三位一体"来建设，积极打造以产业为基础，以自然生态、人文景观、乡村生活为依托，以"十八黄茂"为品牌的乡村旅游综合体。乍一听，可能有些摸不到头脑，可是一旦置身于"十八黄茂"食药赏特色苗木园，就能够感受到这个综合体的妙处。

庚子年的春天，虽新冠疫情肆虐，但挡不住人们与春的约定。苗木园又新植各类苗木花卉近万棵，随着花季到来，苗木园内百花盛开、争妍斗艳，皂角树下60余亩金黄色的油菜花沁人心脾，许多人慕名而来一睹风采。有些在苗木园务工的村民通过视频平台开起直播、拍摄短视频，既丰富了民众业余生活，又提高了苗木园的知名度和影响力，甚至有许多小朋友，摆好了画架，凝神勾勒，作为产业项目的苗木园已成为人们休闲娱乐的好去处，是新的网红打卡地。根据规划，刘茂不仅深耕苗木，还把产业链拉长，在二产和三产上大做文章，针对不同季节提出了浪漫五月、梦幻夏日、黄金之秋等观赏口号。浪漫五月有乔灌木、苦楝、紫玉兰、王族海棠、紫丁香、花石榴、紫桑等，有银莲花、牲编菊、婆婆纳、王竹花、荷包牡丹等地被植物。梦幻夏日有国旗红紫薇、红叶紫薇、玖玖木槿、红叶千头等,有千蕨菜、福禄菊、麦冬草等地被植物。黄金之秋有杜仲、皂荚、红叶千头……刘道令说:"在扩大规模的基础上,把旅游观光与苗木产业发展结合起来,鼓励企业发展旅游产业,打造三季开花不断、四季月月有绿的生态观光旅游经济。"而这,也正是服务队打造乡村旅游综合体的初衷,即让每一个落地的产业项目都变成一个个景点,都具备生产功能和旅游观光功能。

"俺以前是不信发展旅游能挣钱,但是现在,花一开园里全是人,跟城里的公园一样,还有很多来考察学习的,推个冰柜卖水一天也能挣不少。"一位在苗木园务工的村民打趣地说。产业融合,正一步步成为现实。

三季有花、四季有绿是对刘茂村的形象写照。

但农村的一些实际情况在那里,没有资源和资金用来搞建设,大家就在村子里搞配套,把所有可整合的资源在"十八黄茂"这面大旗下挖掘盘活。

在刘茂村中心位置,一幅清代清幽民居图徐徐展现在大家面前:幽深的青石古巷,古朴的灰砖青瓦,精美的砖雕花纹……走进这片区域,一栋栋有着200多年历史的清代民居便吸引了游人的眼球,虽经历上百年风雨略显陈旧,但绝大多数建筑仍有人居住,有些空置的老房子主体也保存完好。抚摸饱含历史沧桑的砖石,人们仿佛看到了其往日的辉煌。

这些老房子都是有主人的,但是大部分都长期在外。刘道令说:"房子虽然是个人的,但是记忆和文化是大家的,我们征得

刘茂村依托清代民居挖掘村庄文化主题

主家同意,这些年投资了 20 多万元,进行了修缮保护。我们有义务有责任把老祖宗留下来的好东西保护好。等有了条件,我们会把所有老房子都修缮好。"现在凡是到刘茂村学习考察的,都要到清代民居转一转,感受当地的历史文化。清代民居、特色苗木园成了刘茂村乃至"十八黄茂"对外宣传展示的窗口和名片。

早在入驻之初,服务队就指导配合刘茂村等服务村干了件不怎么需要花钱的赚钱买卖:把荒片、坑塘和废弃宅基地清理出来、利用起来,也种上树,既然是"茂"就要有"茂"的样子。

村容村貌改善显著,居住生活条件明显提升,老百姓自然高兴。2019年初，为壮大村集体经济、提升人居环境，东疏镇党委政府推出"万树村"工程。"通过出台多项保障措施和扶持政策，发挥杠杆作用，带动村干部干事，撬动村集体经济发展，让村庄环境更加生态宜居。"东疏镇党委书记刘站说。再后来，在县里的几次现场会上，东疏镇的这种做法得到了充分肯定，利用土地见缝插针多种树的做法在全县范围内推广开来。前年刘茂村被评为山东省森林村居，去年刘茂村被评为省级文明村，是全县唯一入选村庄。

对于发展乡村旅游，服务队和镇村干部思想一致、信心坚定，不急于求成，而是稳扎稳打、步步为营地向前推进。正如刘道令所讲："这个设想得根据规划慢慢实施，打造成旅游景区不可能一蹴而就，这是个远景规划。虽然现在旅游还未形成规模，但是我们把村子收拾得漂亮了，就是一棵树、一块石头，也能起到特定的效果。"

五彩缤纷

在刘茂村食药赏苗木园看护房的办公桌上，摆放着两只非常饱满成熟的皂角荚，也许是手"盘"的次数太多了，两只皂角夹整体竟有了厚厚的包浆。每次到这张桌子前，刘焕坤、刘道令以及所有来此的村民，总要拿在手中仔仔细细地看上几遍。办公室外，皂角树横成行、竖成排，不管从哪个角度看过去都是一条条直线，当时定植的时候挖坑都是用线比着定的。讲出来可能令人难以置信,刘焕坤和刘茂"两委"干部为了仔细观察皂角的生长情况,就直接拎个小马扎守在树旁……

这种习惯是刘茂人的期许,更是他们世代奔腾在血液中的工匠精神的体现。

刘茂大大小小的手艺人多如繁星。木、铁、石、瓦"四大金刚"不必说,单是苗木修剪,也是刘茂人的拿手好戏。他们的剪刀一挥,植物便呈现出千姿百态的形状,花样层出不穷,令人目不暇接。刘茂还有300来人的起苗队,因为刘茂村苗木产业发展早、规模大,以前还主要是做苗木驯化,所以经常种苗子、起苗子。那时候都是亲戚朋友来帮忙,忙完主家准备一桌好酒好菜好好招待作为答谢,既出钱又欠人情,干活的一方还要"出大力",不去还不好看,时间久了双方都筋疲力尽。有的亲戚朋友光有体力,不懂技术,影响了树苗的成活率,除了经济损失,还影响了刘茂苗木的销售声誉。村民刘焕才看到了这里面的商机,召集了30多位身强力壮懂技术的村民,成立了专业起苗队,依工计酬,一个电话打过去,随叫随到。专业起苗队受到种苗户的欢迎,业务越做越大,从本村扩展到了周围十几个村,服务范围辐射泰安、济宁等地,凭借娴熟的技艺誉满十里八乡,大部分起苗队成员一天就能赚好几张"红票子"。

如何让这种工匠精神在推动乡村文化振兴中发挥更大作用?来自省委宣传部的服务队队员张继文是位"老政委",来自省委组织部的服务队队员刘洋是个"小年轻",两人在服务队负责文化振兴和组织振兴工作。通过前期的调研,他们发现农村基层群众的精神文化需求迫切,在富了"口袋"的同时希望"脑袋"也

刘茂村在外人员捐建的乡贤亭

可以富起来。他们拟定好座谈提纲，邀请村里的党员、长者、乡贤、能工巧匠和退休教师等聚在一起，请他们讲故事、聊历史、拉家常，为"工匠精神"追本溯源。同镇宣传室、研究室通过"挖""培""树"等环节，深挖精益求精、追求卓越的工匠精神内涵和历史渊源，凝聚文化力量，引导群众践行核心价值观，培育村民热爱村庄的主人翁意识，以家风带民风，以民风助乡风。

为了进一步营造崇尚工匠精神的氛围，村里还高标准绘制了工匠文化主题墙体画，熏陶"匠心"氛围，锤炼娴熟的"匠艺"，培养专注、敬业、坚持、严谨的"匠人"，涵养村庄的"匠气"，让"工匠精神"理念在村民心田孕育、渗透。

追古溯源,明末清初刘茂就建有高墙大院。四梁八柱、南塘北楼的深宅大院有几座。当年老辈挖的围子河足足有十几米宽,还有坚固的城墙,上面能跑马车。如今,刘茂人继承祖训,修围子河,树牌坊,兴家庙,修建乡贤亭、工匠廊,以昭示对祖先、对先贤、对文化的敬仰。至今做根雕、捏泥塑、写书法的艺人活跃不已。

高大气派的牌坊旁立着一块功德碑,碑文这样写道:

刘家黄茂,始于大明。
永乐五年,甲可初成。
十余姓氏,和谐共生。
历代人杰,地亦钟灵。
北襟泰岱,汶水润盈。
东望尼山,脉接儒宗。
举秀绵延,胜迹亦丰。
武烈君侯,冠在五龙。
……

遒劲有力的笔墨出自当代书法家刘彬昌。刘彬昌祖籍刘茂村,自幼酷爱书法,四十年来临池不辍,是中国书画家协会理事、山东省书法家协会会员。刘彬昌情系家乡,潜心为家乡创作了《刘茂赋》:背临汶水,侧依昙山,东襟岱宗邻曲兖,西接水泊傍汶泉。赵王河遗址,武烈侯故里,肥田沃土三千亩,风雨沧桑六百年……

村委和苗木园的办公室的书柜里放满了党的理论知识、农业知识、通俗读物等相关书籍,大家总是在工作、干完农活后来这里翻一翻。其中一部分就是服务队通过对接派出单位为村里捐赠的。

良好的风气和悠久的传统文化结出硕果:刘茂村不仅获得一串串荣誉,村里还涌现出一批模范家庭、光荣人家、工匠达人……近年来,刘茂村各项精神文明建设和文体活动层出不穷:定期开展好媳妇、好婆婆、"四德"标兵等评选活动,普及太极拳、广场舞,修订完善村规民约,建立健全红白理事会,修订完善村规民约,制订婚丧事办理标准和制度,新建新时代文明实践站,村民门口悬挂家训家规、星级文明户标牌,倡树村庄文明新风尚。

六合时邕

多少年来,刘茂人安居乐业、邻里和睦,得益于坚强的村"两委"班子,也得益于良好的乡风村俗。在刘茂的创业实践中,不仅仅是车头,每一节车厢都有动力,正如动车组一样。正是有了县镇干部的支持、服务队的助力、村"两委"班子和村民群众的努力,心往一处想,劲往一处使,才有了今天的刘茂。

刘茂村的掌舵者是村党组织,前后两任支部书记,从创业守业再到二次创业,一个果断一个谨慎,两人性格互补,相互影响、相互配合,骨子里都有"工匠精神",带领村民群众朝着一个方向努力,这种精神和品格也为刘茂人的创业营造了一个和谐和睦的氛围。

特色苗木园确定主栽皂角树后,围绕具体品种的选择又进行了一次外出考察。到了考察地,刘茂人把人家20多个品种的皂角树,从品种特点到生长习性,从绿化功能到深加工潜力详细问了个遍,考察完就在车上算起了经济账。刘茂人和服务队的认真态度打动着同行和业内朋友,听说刘茂要搞林下种植,一位老板当即表示愿意免费提供油菜种子,于是就有了四五月份特色苗木园的那一片金黄。

贾无对刘茂村"两委"班子是这么评价的:作风很扎实,办事很专业,在产业发展这些事上绝不蛮干,反复考察后才会下定决心干或者不干;头脑清楚,有前瞻性,富有创业精神,追求创新,追求卓越,追求精益求精,是刘茂人继承和发扬"工匠精神"的优秀代表。

然而,勺子哪有不碰锅沿的,既是爷俩又是亲密战友,前后任村支书刘焕坤、刘道令之间也产生过误会。当时刘焕坤任刘茂村支部书记,刘道令任村文书,村文书负责管理全村的排房及宅基地规划,有一农户对自家房屋位置不满意,提出前期划分给自家的宅基地面积少,而且紧挨着几处破败院落,希望能给自家更换宅基地。该处房屋与其他三家相连,很难处理,几年下来刘焕坤也未能顺利解决。但该农户一直坚持找刘道令解决问题,刘道令去哪儿,他就跟到哪儿。刘道令感觉很头疼、很棘手,向刘焕坤提出不干村文书的请求,刘焕坤说:"你不干,我也不干了,咱村怎么办?你干不了的活给我,我也一样干不了。"最后刘道令顶住压力，拆除了其中一处墙，四户人家重归于好。

2019年的麦收时节，眼看村里的特色苗木园就要画上句号，但碰上了一位倔强的村民，说啥也不愿意把土地流转出去，村干部几次登门做工作，均没有做通。

"咋办？遇上这么一个榆木疙瘩。"刘道令气得牙根疼。

"不能怨村民，还是我们工作做得不到家。"贾无望着低头锁眉的刘道令说。

事情的原委是这样的：特色苗木园规划区域中间有30亩土地，由于农户不愿种地或者没时间管理，均以400元每亩的低价流转给包地大户种植。而村委为了让利于民，在特色苗木园流转土地时给出的价格是1050元每亩，村民每亩地可比之前增加650元收益，所以村民希望能将土地流转给村集体，停止与原包地大户的合作。这样一来，包地大户要想流转土地，只能给出比村集体更高的价格。因此，他认为特色苗木园建设直接牵涉到他的切身利益，故不同意将土地流转给村集体。

麦收之后，村里反复给这位承包户做工作，晓之以理，动之以情："你看咱们村这几百亩的苗木园，中间要是露个窟窿那多难看，你把土地转出来，你不也解放出来了。"渐渐地，这位承包户心理有了转变。趁热打铁，村集体研究后决定将农科院资源与环境研究所在该村开展的轻简化栽培试验安排给这个包地大户，并拿出1.5吨化肥作为科研试验材料供这位包地大户使用。这位承包户深受感动，最终以大局为重，牺牲个人利益，将土地流转给村集体。

这一项项工作归根到底都是为了乡亲们，为了村子发展得更好，因为丝毫不掺杂个人私利，所以其间的小误会和不理解很快就消除了。

为了更好地建强组织，发挥党建引领作用，尤其是在推动产业发展和服务群众方面，让党支部领导、创办合作社有更好的抓手，让群众在合作社发展中受益，服务队同镇党委探索实践了"党小组+"模式，即按照"一个党支部一座战斗堡垒、一个党小组一支突击队、一名党员一面旗帜"的基层党建理念，在合作社等新型农业经营主体中设置党小组，将党小组打造成为推动产业发展的"突击队"。

为了把这支"突击队"打造好，服务队和镇组织室前期在刘茂村多次召开产业党小组暨乡土人才交流座谈会，邀请党小组组长、产业发展带头人等乡土人才分析传统党小组设置方式的利弊，着眼当下如何更好发挥党小组推动产业发展的作用深入交流。

"最早的时候有生产小队，小队里有小组长。那时候还没有党小组。"

"那时候的生产小队主要任务就是生产，还搞义务工，后来生产小队职能削弱后成立了村民小组。然后就是党小组，不搞生产，一般就是组织学习、收缴党费。"

"生产小队那时候，小组长可是发挥了大作用，像当年洪灾的时候，各小组长都是扛着红旗、铁锹带着大家抗洪。那时候水都到腰深。"

谈到激动之处，几个老组长差点因为当年哪个小队干得最好、做得更多吵起来。

几次交流下来，大家都感觉当下农村以生产队、生产小组和生活区域为单元划分设置党小组的传统方式让党小组工作"提不起劲来",必须进行创新。

为什么选择刘茂进行这项调研并作为试点呢?就是因为刘茂苗木产业发展基础好,受益于苗木产业发展建立了多个苗木合作社和公司,还兴起了起苗队这一专业行当,党员群众的生产生活空间发生了巨大变化,特别是他们的生产活动空间已不仅仅局限在原来相对固定的范围之内,流动性明显增加。除此之外,由农村能人或专业大户牵头成立的合作社普遍存在结构松散、经营不善等情况,各家各户单打独斗,抱团发展不够,因而迫切需要创新设置党小组。

调研始于刘茂,试点也始于刘茂。通过"围绕产业建小组,聚焦能人选组长,依据链条定岗位,紧扣发展搞活动",刘茂村特色苗木园党小组根据推进苗木产业"二次创业"要求,设置苗木栽植、林下种植、生产管护、起苗销售等岗位,让党小组再次焕发出了"以前那个年代"的力量。"通过推广科学化苗木种植,有了专业技术指导,我们的苗木品种越来越好,种植、管理、销售一条龙,收入比过去翻了一番。"特色苗木园党小组成员刘连昌说。党员作用发挥了,群众收入上去了,组织的号召力更强了。

七十二变

说起刘茂村的变化,用"七十二变"来形容,一点不过分。

2018年以来,刘茂村不断加大基础设施建设,坚持发展的成果惠及广大群众,提高群众幸福指数。集中整治村庄环境,改善生产生活条件,铺设沥青、水泥路 5.2 公里。在特色苗木园内兴修水利,打深水井 3 眼,建设高标准旅游看护房 1 座,旅游厕所 1 座,防护墙 350 米。一提到苗木园内宽 6 米、长 2.1 公里的水泥路,刘道令仍然"心有余悸":"得感谢服务队的协调帮助和范书记(时任东疏镇党委书记范长征)的大力支持,当时这条路从平整土地到贯通仅用了两个月,如果晚一个月就可能因新冠疫情影响而耽搁。路耽搁了给生产带来的影响将不可估量。"

机遇偏爱有思想准备的人。1993 年,刘茂人敢闯敢干进行苗木产业创业。2018 年,刘茂人居安思危提出二次创业。2018 年 10 月,省派乡村振兴服务队来到宁阳县东疏镇,他们为东疏镇和刘茂村的乡村振兴插上了腾飞的翅膀。

处得时间久了,刘茂人也熟悉了服务队的"不甘清闲"。有一次,贾院长从报纸上看到河南南召县有一个村,通过发展皂角树种植和皂米加工一年创造了一个多亿的产值,就托朋友帮忙核实。在得知那里的皂角产业的确发展得很好后,贾院长和赵而祥就带领两名镇领导和刘茂村一大帮人去河南考察了一番,服务队服务期将满,他们还操心着皂角树扩大种植规模和推进加工产业落地的问题。正如刘道令所言:"我们和服务队的人接触起来很舒服,很融洽,时间久了更像是朋友而不是上下级。举个例子,贾院长和我们接触非常多,他看问题很有前瞻性,做法也很接地气,从工作到生活,从认识问题到解决问题,不厌其烦地引导我们。对于产业发展,当时我担心一个品种有风险,心里有顾虑,但通过反复考察,请专家把脉指导,最终优中选优,还是选择了皂角树。所有的问题院长都会提前做功课，跟专家探讨，他的话令人信服，我们佩服得五体投地。"

在服务队服务刘茂村近两年的时间里，除了肉眼看得出来的变化，干部群众的思想变化也很大。在刘茂村这片地理洼地上，乡村振兴的高地已经悄然隆起。近几年，刘茂村先后获得山东省森林村居、泰安市"四星级党组织"、泰安市文明单位、宁阳县"红旗党支部"等荣誉称号，被评为全县集体经济发展先进村、美丽乡村示范村。

给枝繁叶茂的一片绿洲，培根固基；给一个良性循环的躯体，输血加氧。这是一种非凡的技术，更是一种高尚的情怀。

绿，是刘茂这片土地不变的基调。在特色苗木园里，过去常见的国槐、泡桐、冬青、大叶女贞不见了踪影，映入眼帘的是一片片的牡丹、芍药、黄果山楂……去年栽种的皂角树，成活率几近百分之百，株株亭亭如盖。

品绿刘茂的同时，看着服务队队员贾无一头青丝平添了白发，张继文灰白的头发似霜染……我们清爽的心情不禁平添一缕怅然。

鼠年夏日的一个午后，我在刘茂村食药赏观光园办公室见到了刘焕坤、刘道令以及村"两委"成员。

跟去南京汤泉考察时不同，与土坷垃打交道的人有了定力，二次创业的成功转型，极大地激发了他们的潜能。

"一镢头刨不出个金娃娃。我们选定皂角为主打品种不那么容易，要拿出苦干实干的精神。"刘焕坤手托水杯，望着窗外那一片绿，语气坚定地说，"我们有能力有信心，用辛勤与智慧把这里打造成江北最大的皂角产业基地……"

此时,七十二贤之首颜子的话语在刘茂村的上空回荡。它穿越了两千多年的时光隧道,依然震古烁今:上下和睦,丰衣足食,老少康健……

尾声

当我收笔时,才发现恰好写了七章。生活中我们常见的七个阿拉伯数字,在音乐上则是七个跳跃的小精灵。七个音符在作曲家的手中可以变换出各种各样美妙的乐曲,而在省派宁阳县乡村振兴服务队和刘茂人那里,却是一首用智慧与奋斗谱写的勠力同心、砥砺前行的乡村振兴进行曲。

2020 年 7 月改于济南兴济河畔

赵而祥

读罢《绿色的音符》,作为刘茂村联系人,感到无比激动、高兴,又想起了十人服务队过去两年的日日夜夜。没想到自己做的一些平常的普通工作,却得到了各级领导和乡亲们这么高的评价和认可,感到很不平静。回想过去的两年,村里的发展着实不易,村"两委"班子成员付出了很多,但有付出就有回报,通过流转土地栽种皂角树和各种特色苗木花卉,为刘茂村苗木发展二次创业开好了头,起好了步,为村里今后的产业发展明确了方向,打下了坚实的基础。正如作者描述:有了服务队的参与,村里的精气神都不一样了,因为服务队的参与,给这里的风气留下了别样的印记……第二故乡已深深印记在我的脑海里,我将时刻关注着第二故乡的发展。

她，因"和"而美

杜秋香

在赵茂村新时代文明实践广场与镇村干部合影

她，因"和"而美

车，将行至 G342 泰安至济宁交界处，路遇一处灰白相间、古朴典雅的标志性建筑，"十八黄茂欢迎您"几个大字赫然映入眼帘。这里，草木茂盛、绿树成荫，满眼的葱郁让人的内心一下子变得宁静，这一定是一个静谧秀美的地方吧！

车子离开国道，按照写着"金茂大道"的蓝色指示牌转向南行。这是一条树木掩映和花草衬托下的乡间柏油路，平坦、笔直，伸向远方，虽不算宽阔，却让人豁然开朗，一种从喧嚣中突然解放出来的安静之感油然而生，让人想一探究竟。

路边的女贞树、木槿树整齐地排列着，郁郁葱葱，每一片叶子都充满活力，像极了一个个婀娜的少女，含着笑招呼着过往的路人。如此好的环境，想必它们也是顺风顺水、开心快乐地生长吧。

穿过一片片色彩斑斓的苗圃，远远就看到了屹立在村口的一座跨路而建的青石牌坊。"黄红蓝紫万家兴，赵钱孙李百姓首""诚信谐和树新风，忠孝勤俭呈家训"，笔力遒劲的书法使得两侧立柱上的对联格外引人注目。

这里，便是"十八黄茂"之一赵家黄茂村了，当地老百姓称之为赵茂。

走进村庄，满眼的洁净，满眼的绿色。整齐的民居、平坦的巷道，绿树成荫，绿草青青，鲜花点缀，空气中散发着花草的芳香。

随便走进一条街道，白墙黛瓦，水墨青砖。家家门前皆有绿意，有花、有景，仿佛随时就可以挑出一条蓝布幌子，马上就可以小憩闲聊、品茶沽酒。

这条街道太像济南的芙蓉街了！然而，它的房后有菜地，一畦小葱、两架黄瓜、辣椒、茄子……昭示着步入新时代广袤农村的美丽、富足。

沿着村庄中心路"朝阳大街"由北向南，来到一片开阔的场地。环顾四周，宽阔的广场、偌大的影墙、露天的舞台、标准的篮球场以及各式的健身器材，一派朝气蓬勃的景象。

远眺之处，错落有致的漂亮民居与高低相间的景观树，共同构成了一幅美丽的画卷。

望向东北，一大排平房掩映在绿树之中，看上去雅致干净，与周围的环境协调一致、融为一体。看到房顶上面"心向党，听党话，跟党走"九个格外醒目的大红字时，我们猜出那一定是村委的办公地点。移步走近，赵茂村党支部、村民委员会、村民监督委员会、民兵连等牌子进入视野。

村委门前的小广场前有一片开阔的池塘，一座名为"正和

赵茂村中心大街

亭"的石头亭子端坐在池塘中央,塘内碧水清荷,锦鲤翔游,两个戴草帽的村民正好经过池塘上的"正"字步道。

微风拂过,一棵耸立在池塘边的高大桐树发出沙沙的响声,仿佛一位历史见证者正在述说着这个北方平原地区一个普通小村庄40年来的沧桑巨变。村民为此树取名"观和桐"。

笔者发现,不论是村民的家门口还是沿街的文化墙,随处可以看到的都是"和"字。赵氏族谱开篇讲"和",数百年来,赵茂人始终以"和"为魂,以"和"铸魂,生生不息,昌盛发展。

这里,也是省派宁阳县乡村振兴服务队服务的村庄之一。笔者在村委会议室里看到一个名头醒目的牌子，是国家农业农村部刚刚颁发的"全国乡村治理示范村"。

这个村的故事，因"和"而起，与服务队相连，笔者就从这儿开始说吧。

为了心中的蓝图

2018年初秋的一个星期一，天刚蒙蒙亮，东疏镇党委委员赵海燕和文化旅游办公室主任董康便踏上旅程，他们要去省城济南，同服务队队长贾无和队员张继文会合，然后赶在省城交通早高峰前赶到目的地。

东疏镇离省城大约两个半小时的车程。董康驾车，赵海燕一路上不时地与贾无通电话，沟通考察事项和行程。服务队帮着联系了几家规划设计公司，他们将一起去考察，为东疏镇以及服务村寻找合适的规划团队，描绘发展的蓝图。

他们此行的考察将会成为推进服务村，乃至东疏镇乡村振兴工作的关键一步。

第一家公司的工作人员早早就在大门口迎候，显示出了对上门考察的重视。会议室里也早早准备好了投影仪、茶水，工作人员字正腔圆、模式化地介绍着以往做过的案例。这种情景其实对于在省城工作的贾无和张继文来说，早已司空见惯了，可是赵海燕和董康就不那么从容了，听完介绍，两人一脸茫然。大家心照不宣，通过眼神的交流就知道不合适，因为他们都没有接地气的感觉。

第二家公司宽敞的会议室里，准备了好多印刷精美的宣传册，公司的各种资质、荣誉，设计的各种景区、楼盘，让来自乡镇的赵海燕和董康望而却步。他们翻看着这些资料，脑海里不断回放着村庄容貌、产业现状、办公场所、村庄文化等情况，可宣传资料上那些高大上的介绍，与村里的实际相差甚远，茫然再次爬上了大家的脸。贾无看向张继文、赵海燕、董康，他们都是眉头紧锁。没办法，该去第三家了。

他们怀着期盼去了第三家，很快，又带着失望离开了。

眼看到了饭点，董康提醒赵海燕，队里领导是帮着镇里村里来济南考察的，该考虑吃饭问题了。赵海燕还没开口，贾无已抢先一步上车，"走，咱再去一家！"七拐八拐，来到一个院子里，再七拐八拐到了一个写字楼前，一个黑瘦的中年男子在楼梯口站着。贾无介绍："这是山东三川环境艺术开发有限公司的闫恩贤老总，以前帮我们单位搞过规划设计，也帮几个县和乡镇做过美丽乡村和乡村产业发展规划。"

一个看起来像农民的汉子站在大家面前，让赵海燕和董康一下放松下来，因为前三家的场面太大，接待人员都是西装革履，介绍情况也是一板一眼、彬彬有礼，让他俩感到压抑、拘束。

闫总领着他们来到一间面积不大的会议室，一张长条会议桌、十几把折叠椅子、一个茶柜，就是这间会议室的全部家当。

"咱们还是先吃饭吧！"看到已过饭点，闫总热情地说。原来接完贾无的电话，闫总接着就安排准备午餐了。

"小孟，来一下，准备开饭。"闫总叫过来一个小青年。小孟进来，把会议桌收拾了一下，紧接着一位手里提着一个大塑料袋的大姐走了进来。不一会儿，几盒饭菜、一兜馒头就摆上了桌子。打开一看，最奢侈的菜也不过把子肉。

贾无和张继文很自然地接过筷子吃了起来。赵海燕和董康面面相觑：省里的领导就这样吃饭，一人一盒米饭和菜，不够再加一个馒头？大家边吃边聊，听闫总介绍着五莲、诸城等地的美丽乡村规划建设和进展情况，不时地交流着。

饭罢，小孟进来收拾了桌子，餐桌又成了会议桌，北面的窗帘降下来，竟然是一个投影幕布。"也够物尽其用了。"赵海燕心里嘀咕。投影仪也是便携式的，这家公司挺有意思。

小孟拿出他们做过的案例，闫总坐在一边，边指着图片边介绍。

"这座房子本来是要拆掉的，修复一下就增加了这个村庄的厚重感和历史感。"

"这条路的绿化，本来也挺好，但缺乏层次感，略微一调整就变成这个样子了，通透。"

"这块空地，不让老百姓种东西，又不能硬化，就这么闲着，浪费资源。可以投很少的钱，建一个生态停车场，缓解老百姓停车难的问题。"

"这棵树是他们村里的一棵老树，眼看就要枯死了，去年冬天我过去帮着进行了养护，今年好很多了。"

"现在乡村的规划，应该做存量规划，投资少，盘活多。要把村里的文化、产业、闲置资源等统筹、整合起来，这才符合当下美丽乡村的设计。"

服务队邀请规划团队探讨美丽乡村规划

听着三川公司关于乡村振兴规划理念的介绍,看着已有案例规划启动前后的变化对比,大家心中渐渐有了底,不时地点头,充满了期待。

四个人下午便返回东疏了。大家商定,由赵海燕向镇主要领导汇报考察情况,由镇里研究确定规划编制团队。毫无疑问,三川公司成了最佳选择,这不仅是因为三川公司的案例展示好,更重要的是三川公司的业务让服务队和基层干部感受到了"地气"。

很快,规划团队进来了。经过将近一个月的现场勘察、走村入户、座谈交流,在反复研究分析东疏、服务村及所在片区自然生态、人文景观和村庄现状的基础上，通过无数次的讨论和思想碰撞，"十八黄茂"乡村旅游综合体的设想逐步清晰起来。

不仅仅是赵茂村，刘茂村、胡茂村、前张庄村、西张庄村的"两委"班子成员、服务队的队员们都参与进来，陪着规划工作人员，用脚步再次丈量了村庄。从产业发展基础，到街、巷、房、荒片、坑塘现状等等，唯恐落下哪里。

一个多月以后，六个厚厚的本子便放在了镇主要领导和服务队队长的桌子上，以"十八黄茂"乡村旅游综合体为统领、点线面相结合的片区规划，五个村的美丽乡村建设规划落到了纸上。服务队与镇上的相关领导和部门一起，反复论证推敲，三川公司更是派上专人，随时听命，进行修改，并且约定，服务队不撤，规划不扎口，留足改进、完善和提升的空间。

身入，更要心入

张林来自省民政厅泰安荣军医院，是服务队负责联系赵茂村的队员。在赵海燕的手机里，保存着许多服务队队员刚来时的照片，他们根据队里和镇里的安排，进行集中调研。张林是最为懵懂、好奇的那个，那时的他，眼神充满了茫然。但今天的张林，脸色黝黑，目光坚定，聊起工作如数家珍。

对于张林来说，沟通是第一道坎，他不知道该如何和村干部、老百姓沟通。他说："服务队入住东疏镇后，在相当长的一段时间内，我们的主要交通工具是自行车。走村入户去摸情况骑车最方便,可以随走随停。"他清楚地记得,有一次去村里调研,正值秋收,他们路遇一个晒花生的妇女,便停下车子,顺手捡起一粒花生吃,然后问人家收成,可妇女有意躲闪,并不答话。站在一旁的张继文走过来说:"要不咱买人家一点花生吧!"妇女问:"要多少斤?""10斤吧!"妇女笑了:"你们这些人,到底是干什么的呀,我们一卖要几百斤呢。"靠着诚意,张继文帮着张林打开了这位妇女的话匣子。

信任,就是这样一点一点建立起来的。用了一个多月的时间,凭着真诚,村干部和村里的群众渐渐被打动,田间、路边和农户家里,都是张林调研的阵地。他按照服务队拟定的调研提纲,奔波于镇、村之间,终于获得了比较翔实的第一手资料。之后,张林反复琢磨、总结,终于形成了调研报告第一稿。虽然自己费了很大工夫,但还是不敢拿给队长看,他知道,贾无可是一位对工作标准要求很高的队长,而且也熟悉农业农村情况,报告用不用心、细不细致,他一眼就能看出来。"我反复改了很多次,才敢拿给队长看。"张林憨厚地笑着说。

"那段时间,我们每天骑自行车穿梭于驻地和各村之间,和老百姓交流沟通了解情况,和服务村'两委'成员交流沟通,一次不行,就进行多次面对面的交流、交谈,一边了解村里的情况,一边不厌其烦地给他们讲乡村振兴的有关政策,讲服务队来的目的和任务等。"

"从一开始的不信任、不理解,普遍存在'等''靠''要'思想,到逐步了解,然后是理解和信任,逐渐明白乡村振兴是咋回事,知道了美好生活是干出来的,绝对不是'等''靠''要'

来的。"张林的话匣子也打开了。

张林回忆说，在交流时村干部及村民有时有顾虑，只说成绩和好的方面，不说问题和不好的情况，报喜不报忧。通过与他们多次交流交心，才让他们打消了顾虑，我们也才了解了真实的情况。

还有一些村干部和老百姓对服务队工作不理解，就直接这么问："你们带钱、带项目来了吗？有钱、有项目谁都会干，还要你们来干什么？你们是省里来的，你们干就行，还用我们干吗？"

听到这些，张林总是笑着回答，不厌其烦地解释："你们这样理解不全面，不能只看到'输血'，看不到'造血'。我们要帮着你们解决好当前困难，但更注重'造血'，会想更多的法子让村里发展可以持续下去。归根到底，你们才是乡村振兴的主体，发展好了真正受益的还是你们自己。"

想当初，服务队刚来的时候，融入不进村里，一时不知如何下手。不友好的声音，不时响在耳边。有一次，张林禁不住在服务队每周一次的例会上提出了自己的疑问："真不知道该怎么和村干部交流，他们好像对政策不是很理解，也不愿意了解。"

张林这么一说，队员们算是找到共同话题了。

"怎样才能给村干部和老百姓解释好什么是乡村振兴呢？沟通太难了。"

"人家最关心我们是否带着资金来，带了多少。"

"怎么才能拉进和村民的距离呢？"

一个个困惑和问题摆在桌面上，尤其是还有几位从来没在农村生活过的队员。

每每这个时候，队长贾无总是耐心地听大家说完，然后慢悠悠地甩出他那句口头禅"没事"，"大家都不要着急，这些现象都很正常，我们需要一个融入的过程，这些都要慢慢来，再多想想办法。"

"想办法？"张林一拍脑袋，忽然想起了下基层大培训时领导的讲话，要充分利用好派出单位的优势和资源，"我是医生，我可以申请单位为群众义诊。这样，既可以帮助村民解决实际问题，又可以拉近与村民的感情。"

张林过去一直是业务人员，没有组织过活动。他走进高新昊的办公室。高新昊是省农科院办公室副主任，组织活动经验丰富，两个人一合计，拿了个初步方案，递给了队长。于是，服务队向张林的派出单位泰安荣军医院提出了申请。

2018年初冬，一个雨雪交加的日子，一支穿着白大褂的医疗队走进了服务队联系的村庄，为五个村的村民义诊。

村民们惊喜地发现，这个平时不大爱说话、不苟言笑的张林主任，竟然会看病，讲起看病来滔滔不绝，而且他给大家带来了省里的医疗队。附近村的村民前来问诊时，竟有村民骄傲地说，这是省里派到俺村来的，自豪感溢于言表。

这一次，有近500名群众足不出户就享受到了"大医院的免费检查和看病"。

免费查体，有效拉进了服务队和村民的距离，大家再沟通时明显觉得更亲切了。

夏秋季节的太阳实在太毒了。为了防日晒，张林先后买了三顶草帽。

服务队邀请泰安荣军医院在赵茂村进行义诊

张林记得，做规划期间，正值酷暑，服务队队员和被邀请来为几个村做规划的三川公司规划团队的工程师们，经常在大太阳底下进行实地测量、勘察，一跑就是一天，但大家谁也不喊累，谁也不叫苦。

他的第一顶草帽，就是这个时候买的，后来上面汗渍斑斑，就丢掉了。

在做规划过程中，由于认识角度、发展理念不同，常常和村里意见不统一，每一项都要通过多次的交流和磨合，才能达成一致意见。之后，在规划实施的过程中，也常常遇到具体施工脱离规划设计的情况，张林总是及时发现，及时提醒，一些自己解决不了的就及时报给队长或服务队的分管支委共同商议，拿出切实可行并符合规划要求的方案，督促施工队伍改进完善，努力确保工程建设施工按照设计要求实施。

2019年夏天，第二顶草帽因为戴的时间较长坏了。于是，他又购买了第三顶草帽。现在，那顶草帽还在他的办公室里。

2019年，六月的天，异常闷热。赵茂村美丽乡村打造工程正在如火如荼地进行。村委办公室里，那本规划图册被翻来翻去，基于规划的施工图纸张林更是随身带着。

县领导几乎每周入村调度一次，镇村干部更是靠在村里，乡下老百姓哪里见过这种阵势？原来不都是想修哪里修哪里，想怎么修就怎么修吗？这怎么还非得照葫芦画瓢呢？整个村庄到处都是工地，略显杂乱，但在服务队的指导下各项工程都在有序进行。

镇村干部一个个成了黑脸包公，但没有一个人有怨言。立面改造、下水道埋管、弱电入地、文化氛围打造、坑塘改造、闲置民房改造、卫生服务中心新建、办公场所完善提升……所有工作都有条不紊地推进着。

不到四个月的时间，在县领导、镇村干部、施工队伍和服务队的努力下，所有规划都高标准高质量地完成了，黑脸包公们也个个成了专家。

在美丽乡村建设上，东疏镇在宁阳开了个好头，赵茂村交出了一份优秀的答卷。

啃掉硬骨头

与村委会正对的，是一洼大约3000平方米的水面，原木色的栏杆，透出一股中国风，俯瞰过去，整个坑塘被一座小桥分割成两个部分。步道的右前方，并排放着三个碾砣，"正和塘"三个字分别刻在三个碾砣上。

说起正和塘，村主任赵文化旋即透出一股骄傲和自豪，他引导着笔者来到池塘边，在步道上走走停停，开始了滔滔不绝的介绍。

2018年以前，这里还是村里的一个公共垃圾坑，夏天蚊虫满天飞，臭气熏天，村民意见很大，苦不堪言，可那时村里的管理监督跟不上，迟迟没有改观，居住在周边的村民有的投奔儿女不再回来，有的紧闭门户。

2018年初，再次出山的老赵书记一心想改变村庄的落后面貌，经过一阵子的情况摸排和资金筹措，他召集村"两委"班子成员开会，下定决心，要让这个臭水塘彻底换新颜。定了就干！二十辆农用四轮车、两台钩机即刻入场，车水马龙，机器轰鸣，一个月后，一个方形坑塘呈现出来。

怎么建好池塘呢？村干部们合计了几次都没有结果。这时，他们想到了请外援。于是，镇里宣传部门的干部来了，他们来来回回地走，又和村干部一次次地谈，画出了一张张草图，最后一个"正"字跃然纸上，大家仿佛一下找到了感觉。

为什么取名正和塘呢？原来，镇里的宣传干部在帮助规划的时候，就建议村里给改造后的池塘起个好听且有寓意的名字，因为赵茂村以"和"为魂，池塘又建了一个"正"字形的步道，为了突出村子以"和"为美的文化主题，建议取名"正和塘"。于是，大家一合计，老赵书记大手一挥，就这么定下来了。

是啊，"正""和"两个字，融进了全村1800多人多少美好的期望啊！两横一竖的贯通，蕴含了"政通人和"之意，结合一竖一横衔接而成的圆形亲水台，让池塘从整体形状上更有了"规矩方圆"的深刻寓意。

正和塘中央立一休闲亭，取名"正和亭"。沿正字步道南行，穿过一座精致的小桥。小桥的南侧，一洼睡莲卧于水中，若俯瞰，整个水面好像一只纳福的葫芦，静静卧于村庄之中。"葫芦"，当地方言谐音"福"，小桥的名字福桥便来源于此。

正和塘的入口，一棵高大茂盛的梧桐树俯视着这里的一切，这便是有着四十多年树龄的"观和桐"了。1978年，时任村支书赵成柱和村主任赵允金共同栽下了这棵树，以纪念祖国进入改革开放新时期。四十多年来，这棵梧桐树历经风雨，如今依然枝繁叶茂，它不仅见证了赵茂村的历史变迁，更预示着赵茂村昌盛的未来。

村民张秀英家就住在正和塘的东面，她家的大门正对着正和塘的水面，带孙女是她目前最大的任务。老太太常常倚栏而立，看孙女在村里的文明实践广场嬉戏。2018年以前，她的家门经常是紧闭的，正对村委的地方，有一堵墙，把大坑和村委会隔开了，村委那边看不见坑里的情况。这就是我们常说的遮羞墙吧。"俺村里的垃圾都倒这里啦！""蚊子，嗡嗡的。多亏了服务队和俺村老赵书记啊!"李秀英由衷地说。

赵允金,是这个村的支部书记,人称老赵书记,因为他27年前曾担任过这个村的党支部书记。27年后的2017年,年近七十的他再次出山。一米八多的大个子,脸色黝黑,表情严肃,两眼一瞪让人不敢作声,村里的干部都怕他。

上任伊始,他召集村"两委"干部和村民小组长们开会,"咱首先解决村里的卫生问题!"他大手一挥,带领大家实干起来。村集体没有钱,怎么办?村民没有地方倒垃圾,怎么办?几名村干部一合计:定时!定点!定人!"三定"方案一出,大家有了行动的方向。

小组长们买来白灰,在每个胡同口画上了四方框,然后大喇叭响起来:"村民同志们,咱胡同口都画上记号了,家里的垃圾装好,每天傍黑放到那个白色方框里,咱村里统一收走。"每天天刚蒙蒙亮,村民赵怀柱老两口就开上拖拉机,沿着大街收集垃圾。

但仍有村民不自觉,不按要求放垃圾,这次轮到村主任赵文化发挥了,他把村里的监控连接到手机上,大喇叭又响起来了:"今天穿了件枣红褂子的一位女同志,中午把垃圾拿出来啦,我就不点名了!"这招很灵,很快让村民养成了定时定点处理垃圾的习惯。

正是得益于这一习惯的养成,在宁阳县实行城乡环卫一体化的过程中,赵茂村第一批完成了验收交接,彻底解决了生活垃圾处理问题。这也为服务队后来进行下一步的工作提升打下了良好的基础。

"做梦也没想到,俺的家能变得这么美丽!"张秀英眼里有光,心里的喜悦溢于言表。因为家离村委会近,村里的工作她看得最清。"服务队的领导我几乎全认识,那个队长东北腔,戴眼镜,好带专家来。来得最多的就是张林主任啦,他是个医生,俺村里人好找他看病!"

"美丽"二字,道出了多少群众的心声,凝聚了服务队队员和镇村干部的多少心血啊!

老赵书记的"小九九"

赵茂村的村主任赵文化,是村里的"老人"了,他在村"两委"工作了20多年,对村里的工作知根知底。

赵允金再次出山,到村任支部书记后,赵文化也是使出浑身解数,积极出谋划策。当他得知服务队要来村里工作后,心里开始算起了小九九,2017年以来村里有了不少规划,人居环境整治、监控安装、村庄文化打造等等,算算还有不少欠账呢。"如果省里服务队带点钱来,怪好。"他小眼睛一眯,跑到老赵书记办公室。

"六爷爷,您说咱整理这个坑花了这么多钱,村里目前还没收入,咋办?"

"文化,这个咱得慢慢消化,等村里找到发展挣钱的路子就好啦。"

"六爷爷,我听说,服务队有可能带钱来,一个村200万呢,咱先把这个正和塘的账治明白。"

老赵书记没有说话,这是一个倔老头,有个犟脾气,一般情况下他的脸一耷拉,村里干部大气都不敢喘。文化一看六爷爷不说话,就没敢再吱声。

眼看着,服务村的帮扶资金就要到位,五个村也在服务队的帮助下,不断外出参观、考察,方向越来越明确,刘茂的特色苗木产业园只等季节,胡茂的果景园已经开始流转土地,西张庄的果蔬园已经流转出了土地,前张庄的本草产业园已经开始跑手续。

而赵茂村还处于不停考察项目阶段,大家心里都很着急。

老赵书记嘴上不说,心里却早就合计好了:"200万,要是用来还账,村里会宽松许多,而且是还已经干了的事的账,是实实在在为老百姓办事。"正和塘,因为荒废数年,从清理垃圾到初步建成,花费了将近70万元,镇里帮助争取了一个市级美丽乡村,奖励了30万元,还有40万元的缺口。用服务队带来的资金还这个账,也算是为民办事,不违背原则;村里巷道还没有修,还有许多基础设施需要完善,正好可以救个急……这钱,都用在老百姓身上了。

老赵书记的算盘听起来打得也合理,但张林始终咬定队里的资金使用原则不放松,始终记想着队长贾无的那句话,"一定要把帮扶资金用到增加村集体收入和村民致富上。其他建设需要钱,咱们帮着争取和协调"。

慢慢地,老赵书记这个倔老头服软了,开始琢磨怎么选好挣钱的项目。

让"鸡"生"蛋"的故事,着实有点老套,可也是常讲常新。

老赵书记和张林带着一班人马,从皂角树、艾草到麦冬,从枣庄、临沂到济宁,从冬天到春天,外出考察了一次又一次,邀请专业人士到村里看了一次又一次,那么多好项目,到底哪个适合村里发展呢?所有的论证都奔着一个目标:选择的项目必须具有'造血'功能,不能把眼光只放在当下。

老赵书记是有思路、有眼光、看得长远的人。想当年,他麾下的企业一个个都发展得很好且长久。

2019年春末夏初,在听了山东省农科院农产品研究所党委书记、山东省现代农业产业技术体系中草药产业创新团队首席专家王志芬关于中草药种植前景和市场分析的讲座后,老赵书记的思路一下子打开了,决心也暗暗地下了。

后来,经过不断的论证分析,大家一致认为皂角树是个综合附加值很高的树种,皂角的刺、荚、米、籽等都值钱,可以试试。于是,村支部在征求村民代表意见后决定用闲置在路边的20亩地,进行试验性种植。

再后来,在省农科院中草药团队专家的指导下,村里决定再搞林下种植试验——皂角地里套种麦冬。那天是个周末,张林没有回家,因为这一天麦冬要来苗了。苗子送了来,专家也来了,找来几个村民,先听专家讲,然后大家干,栽得很是仔细,一转脸的工夫,栽了一大片。可是专家转过身来一看,哭笑不得,大家才知道,药用的,要几根几根地来栽,观赏的,才能一簇一簇地栽。

这个项目,后来申请了省农科院创新工程项目,获得了5万元的补助经费。目前,皂角树和麦冬长势良好,再过一年就进入收获期了。

就是这一块仅仅20亩地的小小试验田，不仅成了赵茂村的第一个村集体产业项目，而且对东疏镇的苗木产业二次创业起到了很好的示范带动和启示作用。

当年秋天，邻村刘茂村规划建设1000亩"十八黄茂"食药赏特色苗木园项目开始实施。他们通过反复考察调研，最终确定把皂角树作为主栽树种，2019年11月，一期占地260亩的特色苗木园里就移栽上了1万余株高规格的皂角树。

也是受赵茂村林药套种的启发，刘茂村在皂角林下应季种植了油菜，今年4月份的时候，油菜花盛开，形成了一片片花海，一望无际，吸引了大批游客前来观赏、拍照留念。

虽然村里有了第一个集体产业项目，但老赵书记还是高兴不起来。

一方面，这个林药套种项目尽管市场前景很好，可是收益见效慢，最快也得两年后才能有收成。

另一方面，服务队手里那每年100万的帮扶资金得抓紧用起来，他听张林说，服务队开会商量过，五个服务村的帮扶资金可以统筹安排使用，不能让钱躺在炕上睡大觉。

听了张林传过来的话，老赵书记开始着急了，开始盘算了！

钱怎么挣

帮扶资金怎么用，是横在服务队和村"两委"中间的一个矛盾问题。看到在炎热的天气下，老支书和赵文化跟着服务队到处考察，有些村干部沉不住气了。

"有钱拿来花便是啦，有钱还不好花？"其实这种声音，张林早有耳闻，在这之前也有思想准备，但听了之后还是很不得劲。张林对村干部说，大家要沉住气，有什么意见咱们及时沟通交流，但项目一定要选好选准，钱要花到刀刃上，用到关键处。

在一次支部主题党日活动上，不善言辞的张林，憋红了脸说，进了赵茂门，就是赵茂人，赵茂是我们大家的家，家里没有钱怎么买东西，大家都要参与进来，一块出力。

后来几次的外出考察，张林总是特意带上那些有疑问、有顾虑的村干部，让他们通过外出考察学习开眼界、拓思路。通过不断的沟通接触和共同工作，个别有意见的村干部逐步认识到服务队的良苦用心，是实打实地为村里长远发展考虑，而不是为了眼前的短暂光鲜，只做表面文章，他们开始打心底里佩服起服务队来。

一晃几个月过去了，帮扶资金还是一分钱没动。虽然对中药、艾草、草莓、蔬菜、苗木等项目反复考察，反复论证，却一直没有结果。地里的文章好像不太好做了。

于是，贾无带上李华、张继文、张林，时不时地到村里转转，与村"两委"成员反复沟通，商量着还有没有其他路子可走，琢磨着从哪儿实现突破。

产业不好突破，人才方面呢？赵茂村的能人可不少，在外创业成功的赵茂人大有人在，前些时候老赵书记还带着服务队的几个人去县城，看了两家赵茂人办的企业呢，能否通过吸引返乡人才带动产业发展？这一下子打开了老支书的思路，"走！到服装厂看看去！"老赵书记大手一挥，一队人马去了服装厂。

顺盛服装，严格意义上讲还算不得"厂"，顶多是个来料加工点。服务队刚刚入村调研的时候来过这个地方，厂房是盘活闲置的村办小学的一部分校舍，大约有1000平方米。顺盛服装由在外创业的赵成清回乡创办，工人有五六十人，都是本村和周边村庄承包地流转出去后在家留守的妇女。

车间均由原有的教室改造而成，虽不宽敞，却也明亮规范。厂子虽小，却干着外贸加工的活；规模不大，但让人感觉生产氛围很好，精气神不错。

贾无拿起一件刚刚加工完的面包服，顺手往身上一套。"你这个活很精细啊！"他的一口东北腔把大家逗乐了。"这批是德国军服，秋冬两穿，棉质的胆还可以拆下来。"赵成清拿了一件，一边比画一边介绍着。

从裁剪到包装，大家把所有的工艺流程仔仔细细看了一遍，几位服务队队员心里有数了。"咱去你办公室坐坐。"贾无说。

赵成清引着大家进了他的办公室，那也算不得办公室，很简陋，但很干净。房屋简单粉刷了一下，原来教室的黑板还在墙上，现在成了生产计划和调度板了，只见上面写了几行字——"总部来料1000套，青岛发货……"

办公桌旁边有个简单的衣架，挂着几件样品，李华走过去，摸了摸那几件衣服，然后笑了起来："这个闫恩贤，还真有两下子。"他不由得想起规划报告会上闫总的讲解，把"十八黄茂"打造成乡村旅游综合体，就得与这里的产业紧密结合起来，要把产业做成旅游景点。"这个服装厂目前还小，但长远看，我们可以帮着扩建厂房，做做文化，搞成一个服装文化产业园。"

碰撞，从这间小小的办公室里开始。五十多岁的赵成清，一个标准的山东大汉，说话如洪钟，走路都带风。

"清叔，活不少啊。"村主任赵文化戴着眼镜，眯着眼说。

"哎呀，干不过来，肥城那边的活也催得紧。"

肥城是泰安的一个县级市，赵成清服装厂的总部就设在那里。2016年，他想扩大生产规模才琢磨着回到老家来的，现在是两个厂子兼顾。

"清叔，你想扩大生产规模吗？"

"想是想，但这边前年刚刚完成改造，工人也不好招。"

赵成清的服装厂是民营企业，他既想稳扎稳打，又想在适当时机进行扩大。聪明的他，已经敏锐地感觉到，机会似乎要来了。

"六叔，今天和贾院长过来有啥事吗？"他装作不解，侧过脸去问老赵书记。

"前段时间贾院长他们过来调研，感觉你的企业经营得不错，他们带来一些帮扶资金，想看看是不是可以和村集体产业发展结合一下。"

张继文见赵成清不往正题上走，就打岔问："你这里工人一个月多少钱？"

"我们的工资和县城是同等水平，农村招工不好招，要想留下好员工，就要有比较优越的条件，让他们在不离开家的情况下享受到去县城打工的工资待遇。"

简单喝了一壶茶，一行人便回到了村委办公室，你一言我一语说了起来。

"我看着他这个厂区北边还有不小面积没有利用起来,是有扩建空间的。"

"这个老学校最北边还有个幼儿园,目前有几十个孩子在那儿上学,不过镇里的第二幼儿园已经在建了,估计很快会搬走。"

"工资待遇不低,招工应该不成问题。产品不愁销路,企业效益应该也不错。"

"听说订单都已经排到明年十月了。"

"成清还是很有家乡情结的。"

……

李华终于憋不住了:"我看行,按照规划最终不就是要建成服装文化产业园吗?通过合作的方式扩建服装厂,开发服装文化,可以很快实现规划目标。"

贾无始终没有插话,一直在认真地听着大家的发言。看大家讨论得差不多了,他毫不犹豫地表态了:"好!今天这个事情,老赵书记跟赵总提了一下,很好!他会认真考虑的,但他有他的算盘。大家分析得也都非常对,下一步张林配合好赵书记和赵主任,可以按照'四议两公开'的有关要求征求意见,正式讨论一下。特别是要考虑好合作方式,要确保村集体财产安全和村集体收益。"

其实,贾无早在规划编制之初就开始考虑服装厂的扩建和服装文化产业园的打造了。这个项目既可以吸纳周边更多的村民就近就地就业,又可以为村集体持续稳定地增加收入,还可以打造成"十八黄茂"乡村旅游综合体的一个重要旅游景点,是一个比较成熟的项目。

贾无没有说错，赵成清当即就盘算起来：听说他们有200万的帮扶资金，如果我可以和他们合作，在家门口建个像样的企业，是有面子有里子的，并且是省里服务队带来的项目，以后肯定少不了上级领导的支持和社会的关注。嗯，这个账我得好好算算。

第二天一大早，老书记电话就打到了赵成清那里："清啊，到我办公室来一趟吧，咱爷几个聊聊昨天那个事。"

赵成清原本计划今天要去肥城总部，但心里不放心昨天的事，正在犹豫去不去时，六叔的电话就打过来了，这正中下怀，他马上赶了过去。

经过一番交流，合作的天窗打开了。

接下来的"谈判"好像不够专业。再好的爷们关系也超越不了集体利益，合同必须严格正规。

经过数次交流对接以及"四议两公开"，双方终于达成了合作协议：服务队拿出150万的帮扶资金，作为村集体入股资金，进入赵成清的扩建提升项目。张林拿着双方草拟的合同回服务队，请法律专家李华审查。

李华来自省高院，法律文书自然是强项了。拿到合同，他转身拿出一本厚厚的工具书，认真研究起来。令人高兴的是，赵成清并没有完全依靠帮扶资金去扩大规模，他又拿出160万元，按照村里的规划，把项目分成了两期：一期建车间，实现生产功能；二期建服装文化展厅，实现旅游功能。项目建成后，可以再解决农村闲置劳动力100余人，每年可增加群众收入300—400万元，首年便可增加村集体收入15万元，以后逐年递增至每年20万元。

合同签订之后，经过村"两委"的努力和服务队的协调，在镇里的大力支持下，项目扩建的规划审批、施工许可等开工手续很快就办下来了。

2019年底，2600余平方米的车间顺利建成。2020年初，设备安装完毕。

正当赵成清准备利用春节期间返乡人员多、招聘工人相对容易的有利时机大干一场时，新冠肺炎疫情来了，服装厂的生产经营受到了巨大影响。

赵成清非常聪明能干，嗅觉也非常敏锐，他利用这个生产空档期，完成了所有设备的调试，通过电话、微信等方式提前联系

赵茂村服装厂扩建项目投产

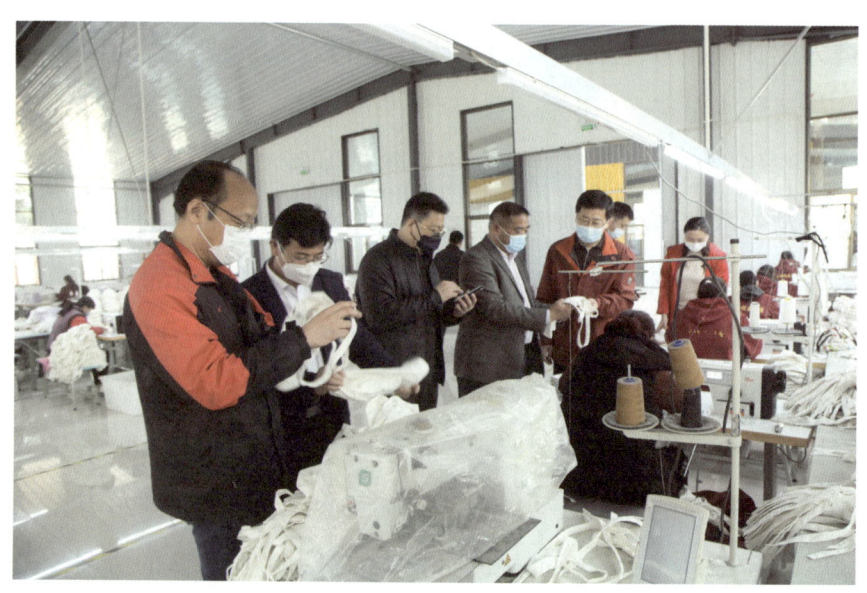

预招工人，在允许复工的第一时间，便招足了工人，恢复了生产。

复工后不久，服务队来到宽敞明亮的新建车间，看到戴着口罩的工人们已经开始作业，忙碌而有序地进行生产，纷纷竖起了大拇指。

赵成清看到大家似乎对正在加工的童装和红酒袋子有些疑虑，乐呵呵地解释："这些活其实不是最急的，但现在刚刚复工，好多返乡人员现在出不去，工作不太好找，我就先把他们招进来，拿这些工艺简单的单子让她们练练手。等疫情结束，他们愿留就留，愿走就走。"听了赵成清的介绍，服务队队员们又纷纷向他竖起了大拇指。

在乡村振兴的大背景下，顺盛服装正乘着"十八黄茂"乡村旅游综合体打造的东风，承载着服务队和乡亲们的期望，稳步向前发展。

咱把饭店建起来

乡村旅游，在东疏镇实在是一件新鲜事，一马平川的平原地区，没山没水没景色，搞哪门子旅游呢？

这是当地老百姓最初的想法。如何让群众接受、参与到乡村旅游当中来，东疏镇也做了大量工作。吃是第一位的，甚至有拿了资金去补贴农户在家里搞农家乐的，但由于经营理念有问题，大多都无疾而终。吃，一直是东疏乡村旅游发展路上的一个难题，游客来了，没地吃，看完玩完就走，那挣哪门子钱呢？

于是,在"十八黄茂"乡村旅游综合体的规划当中,这个重要的配套——赵茂生态园餐厅应运而生。吃住行游购娱学是服务队和东疏镇打造乡村生活体验游的七大要素,吃,首当其冲。

赵茂村位于"十八黄茂"的中心位置,率先完成了美丽乡村打造,环境优雅,交通便利,在存量规划中具有较大优势。但餐厅怎么建,谁来建,建完谁来经营,又成了摆在村"两委"和服务队面前的一个难题。

村口有两家小饭店经营得有声有色,村里做工作,仍没有一家敢接这个项目,一方面不相信餐饮在本地有前景,一方面是怕资金投入太大。

有一次,贾无和赵海燕在交流中谈起这个事情,曾经干过招商工作的赵海燕出了个"招商"路子,并帮着提供和分析了几个在外创业成功的赵茂人的情况,也提出了初步的人选建议。

赵海燕虽然在镇上工作,但她是土生土长的赵茂人,是上学毕业后走出去的,而且是老赵书记的女儿,对村里的情况很了解,也熟悉在外面创业的赵茂人。实际上,她老早就给老赵书记建议过了。可对于她的每句话,老头儿不倔上三分不算父女俩,这个事情不能由她去说。

于是,贾无找来了张林。张林作为赵茂村的联系人,当然义不容辞。张林去村里见了老赵书记,没想到,老赵书记也正在思考这个问题呢。张林一提出来,他一拍脑袋:"哎,巧了,正好有个老乡在汶上创业,做红木家具的,有点实力,我正琢磨他呢。我给他去个电话。"

"二叔啊,我是允金,啥时候回家来看看啊?"老书记口中的二叔，便是赵清华，年纪虽不到50岁，辈分在村里却是大的。

"书记，我回去看了，咱村里变化可真大，有什么事情吗？"

"那我就开门见山了，有个项目，想让你回来看看能干吗？"

"啥项目啊，我看到成清回去建厂子了，也正寻思回家弄点什么动静呢。"

就这样，巧对巧，需求对需求，老书记的一通电话便招来了在外创业人员的返乡考察。

很快赵清华便再次回到村里，以客商的身份里里外外把村子和周边看了一遍又一遍，大致了解了"十八黄茂"片区及镇里的旅游发展规划，有了初步意向。

过了几天服务队又来村里时，老赵书记就把启动生态园餐厅建设的想法和大家一起交流了起来。

赵文化头脑灵活："六爷爷，您不给清华老爷爷打个电话，看看他有空吗？咱和贾院长过去考察一下他。"

"叫上你燕姑。"老书记说。老书记口中的燕姑就是赵海燕，外出考察可离不开她，她手里有规划本子，不仅有"十八黄茂"的，还有生态园餐厅的，在这之前，村里、镇上、服务队已经和三川公司反复沟通，做足了功课，效果图和详细的工程设计方案早已呈现在了纸上。

一行人驱车来到汶上县城，赵清华早早地在祥恒红木家具商场门口迎接。赵清华胖乎乎的，圆脸，戴眼镜，眯眯眼，一脸的朴实和睿智。

"赵茂出能人啊！"张继文心里说。贾无、张继文、张林、老书记、赵文化加上赵海燕，在赵清华的引导下，参观了他的家具商场，同时大家也在互相审视，招商嘛，总得相相面。

转了一圈，回到赵清华的办公室，赵海燕把一个沉沉的袋子放在桌上，拿出一本《"十八黄茂"乡村旅游综合体建设发展规划》，贾无和赵清华低头研究起来，从整体布局，到串点成线，让赵清华有了宏观的认识，她又拿出一本《赵茂村美丽乡村建设规划》，让赵清华有更具体的认识，最后，她掏出一本《赵茂村生态园餐厅建筑设计规划》，这才进入正题。

赵清华看到设计，眼里闪过一道光，"工作都做到这个份上了？"他不禁有些吃惊，没有想到是如此成熟的项目。

"我们还有50万的帮扶资金呢，要不放到这个项目里？看看怎么给集体算？"贾无微笑着，抛出一根橄榄枝。

"干！我干！"赵清华没有丝毫犹豫，当即表态。

看准了就干！说干就干！这是民营企业家的特质，也是他们成功的关键所在。

不久，轰鸣的机械设备作业声就回响在赵茂村北面那早已平整好的空旷土地的上空。

2020年的盛夏到了，生态园餐厅项目的主体也在如火如荼的作业中完成了。不到三个月的时间，赵清华那张原本还算白净的脸已经晒得黝黑，再戴上一顶小草帽，整个人活脱脱成了一个包工头。

这一天，李华来了，转了一圈，没作声，走了。

第二天，三川公司的闫总突然来到建设工地。这是怎么回事？走样了。施工和规划有出入，那怎么能行？李华一个电话把闫总请来了，专家出面，修正。

赵茂村生态餐厅投入使用

为什么会走样呢?其实赵清华还是有自己的小九九的,他担心餐厅以后开不好,就为自己留了后路,调整了施工方案,为今后改作他用留出余地。这也是人之常情,服务队领导都理解,但设计可以调整,规划绝对不能改。

于是,在服务队的协调下,三川公司又结合现状进行了设计调整和完善,赵清华愉快地接受了新方案。

笔者采访结束时,生态园餐厅已经开始进行内部装修了。按照工程进度安排,这个可以同时承接两场酒席、一次性容纳400多人就餐的生态园餐厅,10月份就可以开门纳客、迎接宾朋了。

赵茂，就是这么人才济济，就是这么人杰地灵。天南地北的赵茂人都在关心、关注着赵茂村！

农民村晚话乡愁

2020年1月22日，农历腊月二十八，首届赵茂春晚即将举办。那天一大早，赵茂村新时代文明实践广场便陆续聚集起了好多人，有的在挂灯笼，有的在摆烟花，有的在调试大电子屏，还有的在舞台上彩排。

这是史无前例的一次晚会，让全村人感到新鲜，充满了期盼。

村民们三五成群地看着，窃窃私语，这一群老农民能玩出什么花样呢？

前张庄村、西张庄村的春晚已经搞了两年了，老赵书记心里嘀咕：咱这么大个村，一定要办得比它们好！但同时也因没经验发愁。这难不倒老赵，他大手一挥，把镇里的宣传委员给调来了，自家女儿，好使。

村民们也非常给力，消息一发布，晚会需要的东西，全给赞助齐了！音响、灯光、烟花、奖品、节目，甚至主持人，都很快到位。

宁阳县电视台节目主持人赵琳，听说自己村里要搞春晚，心里老激动了，早早就跟同事说自己村里搞春晚，她得去主持。"姑，给俺领导说一声，那天晚上别安排俺加班。"

在县城办音乐学校的赵文哲，主持加唱歌，还给自己的爷爷辅导二胡，爷孙两个联袂上台。

"听说咱们晚会的舞台灯光全是存龙那孩子赞助的。"

"刚开始村里请他回村里发展他不乐意，说打死也不想闻到那股臭味，这次他不但回来了，还捐了钱呢。"

人们围着堆积如山的各类晚会奖品津津乐道地谈论着，欢乐的气氛充满了整个村庄，浓厚的年味弥漫到每家每户。

听说村里举办首届春晚，赵成芝不顾大雾封路，愣是驱车十几个小时从北京回到了阔别十多年的家乡。

"听说我们村富了美了，我一定要回来看看，没想到这么美，太出乎意料了。"赵成芝动情地说。

赵思海从青海赶回来了："我是从村里微信群看到这个消息的，晚会一结束我还要马上赶回青海。看到村里变得这么好，我太高兴了。"

服务队的张继文和张林放弃休假，分别从济南和泰安赶来了。他们一到，便被在外工作返乡过年的赵茂人围在中心。

"这是我的名片，以后你们一定要到青海玩，让我有机会表达我的谢意。"

"加个微信，到北京一定要找我。"

"我也扫一下……"

他们用这种方式表达着自己对服务队的感激之情。

本来晚会预计一个半小时，实际演出却进行了两个半小时，村民纷纷登台，用不同的方式表达自己的喜悦心情，享受这场文化盛宴带来的幸福体验。

正如他们自编自演的三句半《大美赵茂》：

日子一年又一年，
时间快得像眨眼，
大美赵茂天天变，
——能干！
柏油大道宽又宽，
整洁巷道横门前，
村庄四周水泥路，
——外环！

开车村里转一转，
乱花渐欲迷人眼，
日新月异是咱家，
——大改变！
故乡不忘是乡贤，
集思广益牌坊建，
文化符号记心间，
——久远！
废旧坑塘换新颜，
正和亭上谱新篇，
正字步道赏心游，
——开转！

乡村文化"和"铸建，

诗书传家继世远，
尊敬老人孝在先，
——祖传！
拼搏传媒赵强建，
金茂产业赵允宽，
顺盛服装大老板，
——好汉！
青海商会不简单，
有咱赵茂好青年，
志在四方赵思海，
——真管！

思想更新头脑变，
土地流转是关键，
足不出户把钱赚，
——领头雁！
环卫一体大家建，
清新整洁像花园，
一尘不染真干净，
——好看！
大红灯笼高高悬，
喜气洋洋过大年，
大街小巷串一串，
——压岁钱！

美丽庭院来评选，
成彪家庭不虚传，
成清家里看一看，
——花园！
闲院建起童乐园，
四面八方来参观，
留守儿童新家园，
——周全！
夕阳最红颐乐园，
吹拉弹唱乐无边，
全面提升幸福感，
——笑开颜！

百姓舞台已搭建，
八仙过海神通显，
载歌载舞体强健，
——眼馋！
美梦成真靠实干，
绞尽脑汁把钱赚，
锦上添花强村梦，
——加油干！
乡村振兴服务队，
留在咱家共团圆，

咱们全家齐拱手，

——大拜年！

走笔至此，笔者本想以赵茂人自编自演的"三句半"为本文收笔，可总有言犹未尽意犹未尽之憾。

撂笔沉思，"省派宁阳县乡村振兴服务队"几个字又跃入脑海，队员们的身影又浮现眼前。

几天采访下来，所听、所闻、所见，让笔者更加感受到服务队是一支可亲可敬的队伍，他们远离朝夕相处的亲人，撇下优越的工作生活环境，来到这里，融入乡村振兴的洪流之中。

正是他们辛勤的付出，才成就了如今的大美赵茂！

也正是因为有了他们精心的擘画，赵茂的未来才变得更加可期可盼！

他们深入基层，以"和"为贵，与赵茂人勠力同心、共克时艰，用思想的交融化解了前进路上的一个个难题。

他们融入基层，以"和"为美，与赵茂人朝夕相处、携手共建，用碰撞出的星火点燃了引领发展的火炬。

我相信，赵茂村的明天会更加美好，赵茂人的日子一定会越来越红火！

张　林

　　乡村振兴是一项系统工程，一项长期任务，是包括产业、人才、文化、生态和组织振兴的全面振兴。五个振兴相互联系，交相呼应，有机衔接，相得益彰。产业振兴是乡村振兴的物质基础，人才振兴是乡村振兴的关键，文化振兴是乡村振兴的灵魂，生态振兴是乡村振兴的重要标志，组织振兴是乡村振兴的根本保证。赵茂村从一个名不见经传的普通小村庄一跃成为全国乡村治理示范村的乡村振兴实践，生动证明乡村振兴要统筹规划，协调推进，既不能急功近利，也不能磨磨蹭蹭，既要立足当前，更要谋划长远，要保持定力、久久为功，坚持一张蓝图绘到底。看到联系村的这些变化，觉得很高兴，因为我亲身参与了乡村振兴这项伟大的事业。

看得见的
好日子

杨牧原

在前张庄村本草产业园与镇村干部合影

看得见的好日子

一、去往乡村的第一课

11月的风，从北方初冬的萧瑟中走来，愈演愈烈。沿河靠山，漫过高耸的玉皇顶，而后是一望无际的平原。泰山之南的宁阳县东疏镇上，冬日的味道已经越发浓厚，老年人早已穿上了厚实的外套，年轻人也放弃了单衣薄裙的装扮。对于乡村而言，一年里最为清闲而又最为难过的时节马上就要到来了，长达三四个月的农闲时间让村民们多了几分清闲，而寒冷的温度也让传统的村落多了几分冷清。

早上六点多，窗帘之外的世界还没有放亮。清晨，在这个时节里，显得更加寒冷。从温暖的被窝里爬起来，身体进入一夜冷透的房间里，对于任何一个人来说，都不怎么舒坦。

高新昊穿好衣服，走向桌边，掂了掂桌上的暖水瓶，发现里面所剩无几,他需要烧一壶开水。没有集中供暖,屋里的一切都会快速地降温、变冷。他接上了水,走出门去,站在空荡的院落里,身体能够比较明显地感受到即将开始的一天的温度。"估计要多加一件衣服。"他心里想。

很久没体验过这样的清晨了。11月中旬这个时间,他原本工作的城市已经开始了为期近四个月的集中供暖。老舍笔下"济南的冬天"在工业和城市的发展中变得更加温暖。高新昊预估了一下今天的行程,十几里路是有的,光在路上的时间,就得近两个小时。

出了门,他和服务队的同事们利用早上吃饭的时间,简单梳理了一下昨天的工作和今天的行程,便匆匆下了楼。时间,对于他们来说极为宝贵。行动快的话,估计今天能赶在晚饭之前回到住所。

墙边的车棚底下,停着一排一模一样的自行车。从较新的车漆来看,这些自行车的车龄还都不大。但从轮胎的磨损程度来看,这些自行车已经伴随着它们的骑行者走过了不少里程。服务队队员们动作一致地从口袋里拿出钥匙,打开车锁,挂上提包,熟练地骑上车子,驶向院外。这一系列的动作和安静的氛围都在表明,这样的动作,他们已经重复了很多次,他们早已习惯了一次次这样的出发。

骑自行车上下班的日子已经许久未曾经历。随着汽车、电动车的普及,自行车已经变成了记忆中的工具,好像只有在20世纪八九十年代的影像资料中,一件白色的衬衣、一个老式的公文包,再配上一辆带大梁的自行车,才像是上班的样子。但是,对于队员们来说，自 2018 年 10 月来到东疏镇，他们就变成了记忆中长辈们的样子，骑上了自行车，而就是这些自行车，拉开了这支队伍走向村庄的序幕。

靠着这些自行车，他们走遍了东疏镇的绝大多数村庄，真正地走入了农村。

对于中国的农村而言，几千年的农耕传统造就了相对独立、封闭的文化习惯。这让村民们对于突如其来的交流存在一定的戒备，特别是与陌生人的交谈，一般仅仅局限于礼貌性的回应，询问者的任何问题都很难得到真正的解答。而如果驾车进入村庄，就像给自己贴上了一个"陌生人"的标签，与村民的距离会被无形地拉大，这种距离如同鸿沟一般，难以逾越。

队员们心里清楚，信息的缺乏，将使他们之后两年的工作寸步难行。

这十名队员，来自不同的单位、不同的岗位，自从他们离开原工作地来到东疏镇的那刻开始，他们就明白，信息对称是决定一切行动的关键，而解决信息对称的唯一途径，就是彻底地走进一个个陌生的村庄，彻底地走进一个个陌生村民的内心。在队里共同分管产业振兴工作的高新昊和李华深知，产业振兴的前提是熟知现有产业情况，否则，一切都是纸上谈兵。

于是，在队长贾无的建议下，大家决定把自行车作为代步工具。一路走，一路看，一路问，一路听，不考虑距离，不考虑时间，不考虑周期，直到发现问题的根源。

今天，他们又一次骑车下乡。骑着自行车，路过一个个村庄和桥梁，走过一片片庄稼和林地。这是乡村的味道，这种味道无

在前张庄村边帮村民捡花生边交流

论是队长贾无还是其他队员都很熟悉。他们大都是农民的孩子，骨子里对于土地有着执着的念想，对出生和长大的古老土地，难以割舍。重新踏上乡村，内心是喜悦的，是怀念的，更是骄傲的。只不过，吹过脸庞的凛冽寒风有些刺骨，车速愈加缓慢的自行车有些沉重。

拐到一条小路上，老远就看见几个妇女正在地里弯腰忙活着。仔细一看，大家伙心里明白了，她们正在捡花生。

每年十月，北方花生成熟的时节，大范围的起花生在当月就会完成。长在地里的花生被连根拔起的时候，往往会有零星的花生残留在地里。对于很多种植户来说，这种花生不会再进行第二次收获，实际上，它的整体数量也不是很多，没有太大的经济价值。但是，在很多年龄稍大、不能从事繁重农活的人眼里，散落的花生却是一份额外收入。

高新昊仿佛想到了什么，他给队长汇报了一下，把自行车停在路边，转身走进地里。没有过多的言语，只是简单打了声招呼，他就蹲下来帮大娘一起捡起了花生。一边捡花生一边闲聊，慢慢地，打开了大娘的话匣子。结果，整个服务队变成了"花生队"，大家全都进了地里，干起了农活。

花生一个个进了筐，距离一点点拉近了。大娘不再拒绝他们，热情的东疏人敞开了心扉。

"大娘，家里几口人啊？"

"俩，就我和老伴在家呢。"

"家里还有地吗？"

"地还有，但是不怎么种了。"

"咋不种地了？"

"干不动重活，闺女又去了城里，能干点啥就干点啥了。"

"咋不包出去呢？一亩地一年也能包一千多吧？"

"嗯，得一千多，光吃饭是够了。"

"大娘，家在附近吗？"

"有点远，得十里地呢。"

"那可不近啊，咋跑这么远来捡花生啊？"

"俺们村子地里的都让人给捡走了，俺们就出来转转。远远的，哪里有就在哪里捡捡。"

十里地，对于一个老人来说，来来回回可不容易。估计她们和服务队一样，一早就出门了。走上十里地，为的只是捡些地里剩下的为数不多的花生。站起身来，看看远处，还有几个年岁相近的大娘也在捡着花生。粗略观察了一下她们身边堆积的花生，还没有一个烟盒的高度高。而随着人越来越多，地里的花生也越来越少，她们筐里花生的增长速度也会越来越慢，这么一算，一天下来收获花生的数量是微不足道的。

必须承认，这不是一个被逼无奈的活动。现在村里的政策加上土地流转的部分收入，一般农村老人的基本生活是有保障的。但是总体来看，生活水平仍然不高。关键问题在于，务农，几乎是年龄大的农民唯一的生活来源，而随着年龄的增长、劳动水平的下降，他们会越来越力不从心。村集体，成为他们增加日常收入的唯一依靠。

可是，很多村集体没有这样的能力。它们没有自己的产业，无法提供家门口的就业岗位。即便是建有产业的村庄，大部分也仅仅停留在土地流转层面上。产业的兴建、经营都属于外来投资者，这种情况下，企业没有解决驻地村民就业的义务，出于经济利益的考虑，他们会优先雇用青壮年劳动力。总体上看，这种企业能给村里带来的也仅是土地流转的本身价值。

在一次次的攀谈中，服务队还得到了这样的信息。其实，即便是稍微年轻的村民，骨子里也是不愿出门打工的，是现实逼迫他们不得不背井离乡，因为外出打工能够带来更为丰厚的经济收入。

安居乐业，是中国农民的传统观念和梦想。但凡不是生活所迫，他们依然渴望留在祖祖辈辈赖以生存的土地上，这里能给予他们安全感、慰藉感，甚至自豪感。

捡完了花生，目送大娘们离开后，队员们没有急着走，马上在田间地头展开了讨论。之后，他们将沿着这条小路，去往下一个村庄。

骑着自行车去基层，这仅仅是服务队一个小小的举动。他们当中的很多人没有在农村工作过，有的甚至刚刚参加工作，绝大多数人的经验和阅历还不足以应对现在农村的变化。他们要在这里待上两年，必须先了解这里的一切。

骑上自行车，是去往乡村的第一站；而真正地融入村里，才是他们的第一课。这一课，他们必须自学；这一课，决定着之后所有工作的进展。

用了将近三个月的时间，服务队走遍了所服务村庄的各个角落和东疏镇的大多数村庄。从每一个日出到日落，从每一个田间到地头，他们书写着一个回归农村、变成村民的故事。故事中的他们皮肤变黑了，脸庞开裂了，但是他们的腿脚更强壮了，目光更坚定了。这几个月奔波下来，他们可以自豪地说，自己是正儿八经的东疏镇村民。

2019年5月，经过十数次的打磨和修改，关于东疏镇、泰安市乡村振兴先行区未来发展的规划初稿摆在了大家面前。其中有这样一段表述：

> 按照生产生活生态"三生同步"、一二三产业"三产融合"、农业文化旅游"三位一体"的发展思路，以打造产

前张庄村中心大街

业为基础,以自然生态、人文景观、乡村生活为依托,打造以"十八黄茂"为品牌的乡村旅游综合体。同时,以此为抓手,调优一产、培育二产、激活三产,育凤引智、塑形铸魂、优化生态,全面推进乡村产业、人才、文化、生态和组织振兴,探索打造平原地区传统村落乡村振兴齐鲁样板东疏模式。

有了规划,剩下的就是高效的落实、马不停蹄的行动。按照分工,服务队临时党支部的五名支委各自负责"五大振兴"相应板块，同时为五个服务村分别确定了一名联系人。高新昊负责产业振兴，来自省司法厅戒毒监测治疗所的服务队队员邵卫东负责联系前张庄村。

前张庄村，服务队第一天来到东疏镇拿到材料的那一刻起，就对它印象深刻。

二、让南方听见这里的故事

前张庄村，这个1000多人的村庄有着非常悠久的历史。1989年，中国社科院考古研究所在这里发现了距今一万多年的细石器文物。村庄处于宁阳县西南部，地势低平，丰富的地下水资源在此聚集，土壤极为肥沃。对于以传统农业为基础的中国乡村来说，这里有着巨大的优势。但不得不承认的是，在历史发展进程中，它又是相对"落后"的。一组数据可以给我们更直观的感觉。

前张庄村与济宁兖州相邻，占地约2200亩。其中村宅基地285套，占地360亩，空置率30%，已回收改造24亩，仍可回收改造20亩左右。耕地面积1830亩，其中流转耕地600亩，土地流转方式为租赁，主要种植苗木以及小麦、黄豆等基本农作物；农民自有耕地面积1230亩，主要种植小麦、玉米、花生等。

在服务队完成的前张庄村调研报告中，一个刺眼的数字更令人难以忽略——2017年村集体收入为3万元。

3万元，对于大城市来说，也许就是一平方米商业地产的价格，对于城市居民来说，也许就是几个月的工资。可它却是一个村集体一年的所有收入。这3万元的集体收入绝大部分来自村集体的土地租赁，其中学校院落租赁每年1000元，荒片租赁每年2.3万元，仅有的能够带来经营性收入的是一个鱼塘养殖和垂钓中心，每年6000元。

就是这看似不起眼的集体收入，却是一个村庄公共事业支出的中流砥柱。几年来，村庄所有基础项目的建设几乎全靠镇上的补助，包括巷道维修、设施修缮等等。为此，东疏镇耗费了大量的人力和财力。但远水解不了近渴，一个村庄不能自己"造血"，外来资金再多也只能起到暂时缓解的作用，既不能让村集体富起来，也不能让农民们富起来，更不可能实现乡村振兴的梦想。

一个常年贫困的村庄该如何发展？前张庄村的路该如何走？服务队心里没底。不同工作岗位的工作经历给了大家很多经验，他们明白，单纯依靠传统农业是不行的。一方面，传统农业靠天吃饭的属性短时间内难以改变；另一方面，传统农作物所带来的收入一直比较低。前张庄村主要以种植小麦为主，不管市场如何变化，总体收入十分有限。

于是，我们看到，在关于前张庄村的调研报告中这样记录着："2017年该村居民人均可支配收入9000元，主要收入来源是种植小麦、花生等农作物和为苗木园林公司提供劳动服务⋯⋯下一步该村计划多种植花生、黄豆等农作物，但这些只能适当改善农民收入，不能从根本上增加农民收入。""收入来源单一，难以满足村庄公共事业需要，留守人员多为年长者和妇女儿童，就地务农和为苗木基地或种植养殖大户提供劳动服务的多为五六十岁的老年人。""该村没有支柱产业，没有村集体经济，靠出租土地来创收。"

这份翔实而简明的调研报告,是服务队蹬着自行车挖掘出来的,是服务队经过无数次队务会不断研究讨论而来的,每一句话每一个字都凝结着几个月来的专注。想要解决前张庄村的问题,离不开土地,依然需要在土地上做文章。在针对前张庄村的发展规划中,他们这样写道:"要打破传统农业的经营模式,进行土地整合,吸引企业进行建厂投资,带动种植业调整和发展。种植规模化、专业化、标准化、经济价值更高的新型农产品。置入多元业态,激发乡村活力……"

当然,关于村庄的发展,整个服务队做了长久的规划,而整个规划的实现,可能需要五年甚至十年,等他们服务期满可能仅打造出一个雏形。但是,当务之急就是尽快恢复村集体经济,村集体有了钱,才有了未来一切的基础。

带着这份规划,带着对于未来的向往,带着决心和毅力,服务队正式走进了前张庄村。

必须承认,进村之前的服务队是有些忐忑的。毕竟他们可以在短时间内依靠自己的努力,比较全面地了解村庄的基本情况和发展短板。但是,他们不可能在短时间内,了解整个村庄的风土人情。村民的秉性如何?村"两委"班子的思想怎样?民风的解放程度又有多少?这些,他们很难一下子掌握。但服务队知道,一切工作要依靠村"两委"班子成员来做,要依靠全体村民共同努力,如果没有村里的支持,没有村民的理解,没有共识作为基础,一切都是纸上谈兵。于是,他们秉承上级要求的"服务不干预、帮办不包办"的服务原则,坚持"引导不领导、献策不决策"，授人以渔，也只有这样，在他们走后，这片古老的土地和土地上朴实的人民才有能力继续向着梦想不断前进。

应该说，东疏镇和前张庄村的村民们是幸运的，因为他们迎来的是一支能够打硬仗的队伍；而对于服务队来说，他们也是幸运的，因为他们遇到的是一群思想解放、向往未来的可爱村民。

第一次的促膝长谈，异常顺利。

听到服务队要来的消息，前张庄村党支部书记吴月军十分兴奋。这名朴实的庄户汉子在这里出生、在这里成长、在这里成家，几乎没有离开过这座小小的村庄。自从被推选为村支书之后，他就一直不断地在寻找带领村民们发家致富的办法，比如兴建鱼塘和垂钓园等等。可是，受限于信息获取和工作经验，始终没能挖掘出一条可以持续走下去的路子。他是痛苦的、自责的，他又是坚定的、渴望的，痛苦和自责来源于还没能够带领村民们走向富足，坚定和渴望则出自他相信前张庄村的村民们一定能过上好日子。

终于，历经几年的坎坷之后，他和他的村民们迎来了希望与力量。从省里下来的服务队，带着村庄未来发展的基因密码，走进了村庄。

"特殊村民"和村支书坐在了一起，在小小的办公室里深入交流，不知不觉就到了深夜。

"我们的调研告一段落了，现在服务队正式进驻咱们村，老邵负责联系咱们村。""咱村想要发展必须要有自己的产业，虽然咱们村的地好，但是你光种小麦，种粮食是赚不了几个钱的。""现在急需解决的问题就是短时间内增加村集体收入，有了钱,才能修路、开荒、搞建设。""不光是村集体要有收入,村民们也要有收入,只有大家的腰包鼓起来,才是真正意义上的富裕。""咱们得让村民逐步能够就地就业。否则,大家都出去打工了,慢慢地村子也就没有了。"……

没有过多的客套,开门见山直奔主题。一伙人聊得热火朝天。吴月军和其他村"两委"班子成员对于这些"特殊村民"的提议充满了向往,大家已经对于未来的一切美好做了最初的规划。他们开始相信,这些在他们眼里还很陌生的服务队队员能够给他们带来梦寐以求的希望和未来。

而队员们也感恩于这些村民的朴实与包容。原本他们内心没有十足的把握,不确定在实际的操作中,能否获得村民们的认同,即便进行了几个月的调研,制订了一系列切实可行的规划。第一印象是至关重要的,老百姓信任你,才愿意跟着你走,你心中的想法才能一步一步地落地。更为重要的是,大家都感受到了这片古老土地上村民思想的解放和对于美好生活的向往。不得不承认,中国的许多乡村,因为历史和文化等方面的原因,村民故步自封,对于新事物、新思想的接受进程是非常缓慢的。而前张庄村不一样,它的南边紧挨着兖州,西边汶上又近在咫尺,这里是东疏镇的"南大门"和"西大门"。三县区交会的特殊地域,带来了一个更加开放和包容的东疏镇,也带来了一个对发展更加向往和坚定的前张庄村。

饭后,回到住处,队员们内心充满了希望与力量。入夜的农村是安静的,他们已经许久没有享受这样的寂静了。身体的疲惫让大家逐渐沉默下来,但是内心的兴奋却让人久久无法入睡。

根据安排，今天他们分头奔赴乡村，奔赴熟悉而又陌生的地方。他们认识了一群可爱的朋友，他们结识了一群未来的知己，他们将依靠着自己不遗余力的付出，给一个个村庄带来更加开阔的视野和更加明确的方向。

第二天一早，再次奔赴前张庄村，他们沿着一条刚刚修好的公路向着村庄的南边走去，这条路是由镇里出资建设的。沿着小路向南走，一直到达村庄的尽头，是一片麦子地。绿油油的麦子在初春的微风中潇洒地晃动着、生长着。越过麦子地的尽头，一排若隐若现的红色瓦房微微地露出了尖角。

那里是济宁兖州，一个整体比这里繁荣的地方。再往东南走，将去往江苏、上海、浙江，通往中国经济快速发展的前沿。

春风，从广阔的南方吹来，拂过麦苗，优雅地奔向身后的村庄。这是乡土的味道，这是春天的味道，这是生长的味道，这也是希望的味道。队员们心中的理想更加坚定，他们将倾尽全力，总有一天，也让遥远的南方，听见这个村庄的故事。

三、在艰难中找寻希望

凌晨两点，首都北京。

即便是全世界最热闹的城市之一，这个时间，所有的躁动也已经沉寂了。忙碌了一整天的人们绝大多数已经进入了梦乡。沉睡，是这个时间点所有城市的主题。街边的路灯在热情地绽放着，蚊虫围绕着它飞舞，只有它们，还在毫无保留地演绎着生命的狂欢。路灯下，停着一辆不太起眼的汽车。满身的灰尘、磨损的轮胎、燥热的刹车盘，仿佛都在讲述它连夜奔波的跋涉，还在轰鸣的发动机、依然闪亮的大灯，又在骄傲地展现着它意犹未尽的旅途。

车内的空气有些浑浊，连着司机在内，三个山东大汉的气息充斥着狭小的车舱。浑浊中，伴随着令人难以忍耐的疲惫和寂静。路灯下，这几个人黑色和红色的脸庞更加分明，透着太阳灼烧的味道。这种颜色一直从额头持续到脖颈，最终在皮肤钻进衣服的那道分界线上，突然消失了，再往下是原本的肤色。

很明显，这是长时间在太阳下暴晒的"后遗症"。

邵卫东把手里的图册翻了一遍又一遍，纸张因为他手中汗液长时间的浸渍开始掉色，露出了最下方的白色。可是，他还是舍不得放下，似乎上面有着他们重要的寄托。

"我总觉得不太靠谱。"邵卫东边说边打开车窗，陌生城市中的陌生味道一股脑地钻了进来，让人更加警惕。

坐在后面的吴月军，因为年龄大，显得更加疲惫："说不定，咱们又白跑了一趟呢。俺们镇子里，是真没听说过这个三叶草。"

邵卫东笑着说："老吴，三叶草的事情你放心。虽然在咱们农村不多见，但是在其他国家特别是欧美国家并不稀罕。"

三叶草分布广，适应性强，既是家畜优良饲料，又是农作物的良好前茬，还是果园地表覆盖的优良低矮作物。同时，它还是一种比较有效的中药材。在西方文化中，三叶草还是幸运的象征，被制作成各种工艺品出售。因此，其本身可以产生很好的经济、社会和生态效益，适宜大面积种植。

但是，老吴的那个"又"字，始终令他不安。

对于前张庄村而言，引进的产业还是尽量要以农业为主。毕竟这里的土地按肥沃程度来说排在全镇前列，只有因地制宜，尽可能地发挥每个村庄的先天优势，才能挖掘出它们更有竞争力的价值。但是，引进一个产业，可不是简单的事情。

过了阳历年，他们几个就奔波在联系产业的路上。高新昊依靠多年工作中积攒下来的经验和人脉，联系了很多厂家和项目。一旦稍有合适的，他们就马不停蹄地跑到当地去考察。几个月的时间里，不是在村子里商量，就是漂在外面。不记得去过多少个地方，也记不清跑了多少公里路，对于别人的推荐，他们总是"不死心"地想去看看。可是，看了这么多，一直都没有找到特别心仪的。要么投资过大，要么周期过长，要么市场饱和度太高，要么直接就是一个"空壳公司"。

每一次外出考察前他们心中都充满了希望，充满了力量，仿佛为村里创办一个企业的梦想马上就要实现，而每次考察完一个个都垂头丧气。

一次次满含希望而出，又一次次铩羽而归，失败就像是一道长在身体上的伤疤，愈合后被揭开，揭开后再愈合。最终，留给人们不忍回忆的疼痛。

天亮了，大家下了车，匆匆吃了点早饭，然后给那边公司的人去了电话。他们提前发来的位置显示，公司就在眼前的这座楼上。电话那头的人很惊讶，似乎惊讶于他们的行动竟然如此迅速。

按照电话的指引，他们上了楼。负责人开始热情洋溢地介绍起他们的产品。没有再听过多的赘述，邵卫东说道："经理，我们想看看你的产业园和加工车间。"负责人一愣，然后表示不用着急，他会安排。几乎一整天的时间，除了中午吃饭，他们没有离开过这里哪怕一步。整整一天，他们都在看这家公司的各种宣传资料。

最终，邵卫东拉着吴月军下了楼。还蒙在鼓里的吴月军纳闷地看着他，邵卫东笑着说："老吴，你说对了，咱们又白跑了一趟。"老吴也不再追问什么。"现在咱们去哪里？""回村！""回村？刚跑了一夜，住一天回去不行吗？"邵卫东笑了："住一晚上不得花钱吗？咱几个在北京住宿得花一千多块钱呢。一千块是咱们村外包一亩地的钱呢。"

说完，几个人开车离京，这一去，又是七八个小时的路程。这一次，他们又扑空了。

很多人不明白，是什么让服务队毫不懈怠地来回奔波。所有的结果，不论成败，最终都会留在这片土地上，而他们，在两年之后都将回到自己原本的工作岗位上。留下的不是他们的产业，不是他们的收入，甚至离开之后他们鲜有机会再回来。但是就像他们说的那样，不管如何奔波，不管如何艰难，他们必将小心翼翼、如履薄冰，每一分钱都必须花在刀刃上。

按照相关政策部署，每个服务村每年有100万元的财政资金支持。100万元，从数目上看起来不少，实际上不管是创办企业还是做新型农业，都捉襟见肘。想要给村民带来最大的利益，服务队必须努力节约每一分钱，把每一分钱都花得实实在在，花得值。

记得有一次，服务队得到一个新型设施农业的消息，几个人赶去考察。光鲜的设施、靓丽的外表、硕大的现代化大棚，以及难得一见的各种瓜果蔬菜，让大家眼前一亮。不少跟着一起去的村民都动心了。是啊，天天面朝黄土背朝天的村民，很少见到现代化的高科技农业设施。假如自己的村庄里、集体的土地上也能建起这样的设施，那整个村子都有面子，十里八村的村民都得蜂拥而至，一下子，前张庄村就出名了。可是，队员们深知其中的利害。面子不能拿来当饭吃，面子不能变成前张庄村老百姓口袋里的现金钞票。每个村庄都有自己的特点，不是每条路都适合，前张庄村底子薄、基础弱，它需要的不是光鲜的面子，而是实实在在的里子，是老百姓身上要有衣、锅里要有肉。想用200万元的资金打造一个有影响力的设施农业，根本是不可能的，最终的结果必然是钱花进去了，事情刚干了一点，等队员们离开了，村民还没有见到收益。在队员们的心目中，这绝对不是他们想要的结果！

最终，服务队解释道："咱们底子薄，资金少，咱们干不了这个，走吧。"说完，一行人无奈地离开了。

但是，这种无奈的背影之后，是服务队坚定的决心。服务队没有资格乱花一分钱，没有资格给村里建造无用设施，他们能做的只有一个：选出好项目，让村民真真正正地富起来。

"我们花了200万，要能给村里赚回来200万！"这是服务队的承诺。历经无数次的奔波，历经无数次的失败，看过无数个企业，走过无数个村庄，各种材料摆了满满一桌子，脚磨破了，嘴也磨破了，人也累到了极点。时间将会毫无保留地眷顾前张庄村和驻扎在这里的服务队队员。终于，机会来了。而这个机会，出人意料地来源于身边那些可爱的小宠物。

四、宠物嘴里的致富经

2018年11月，《大众日报》上一篇关于动物饲料的新闻报道引起了服务队队长贾无的注意：省农科学院指导的一家以生产动物饲料为主的企业近几年来发展很快。在服务队的一次例会上，贾无提起了这件事。起初，这个消息并没有引起大家太大的兴趣，毕竟大家对动物饲料的利润和市场还一无所知。但是每一个消息都可能隐藏着巨大的商机，干过生产经营管理工作的邵卫东市场嗅觉灵敏，他开始翻阅有关资料，并在咨询请教的过程中发现，他们忽略了一个非常重要的点。实际上这家企业的动物饲料不是传统的动物饲料，它主攻的是细分市场，主要供应龙猫、兔子等家庭宠物，其中很多产品是这些小宠物的必备品。

"家庭宠物"，这四个字眼让邵卫东眼前一亮。居住在城市的他明白，近几年来，街边巷尾的宠物店是越来越多了。随着人们生活水平的不断提高，越来越多的人有更多的时间和精力在家中饲养小动物。而小动物的花费是巨大的，除去疫苗、日常用品，高端一点的饲料甚至比人的饭食还要贵，条件好的家庭根本不吝啬在这些可爱的宠物身上花费。而决定宠物饲料好坏的关键在于原材料，在于长在地里的饲草，而饲草的好坏很大程度上又取决于生长环境。这不就是前张庄村的优势吗？

在前张庄村查看饲草长势

这是一个很好的商机。邵卫东瞅了个机会和高新昊谈了自己的想法,高新昊听后觉得很有道理。但是,服务队队员不是专家学者,深层的东西他们也不懂。此时,省派乡村振兴服务队的优势体现了出来,他们更广的信息来源和渠道扩充成了解决这一问题的关键。

马上,高新昊联系了省农科院可持续发展研究所科研办公室主任、省牧草产业技术体系岗位专家贾春林,这一项目正是他所在的团队支持开展的。第一次联系的结果很乐观,贾春林不仅向他详细介绍了整个项目的运作、生产、销售过程,还给他说明了现在整个市场的竞争情况以及预计能带来的利润回报。高新昊心里总算有了底，虽然还没有实地考察过，但至少从整个产业来看，这是相当"靠谱"的。随后，服务队邀请贾春林来到东疏镇，就这一项目进行了多次沟通和探讨。前张庄村产业转型发展的方向明确了。

可是，这仅仅是第一步，要真正上马一个项目，最为重要的不是服务队队员之间的沟通、探讨和决定，而是如何征得村民的同意，如何让大家心往一处拧，劲往一块使。

问题马上来了，大家的意见没有达成一致，村里人都保持着一样的态度——这行得通吗？能赚钱吗？

是啊，别说世代生活在村里的农民了，连很多生活在城市里的人都不知道啥是龙猫，很多年轻人也只是在动画和漫画里见过这种奇特的小动物。因此，村里的反对意见出人意料地一致。

"啥是龙猫？俺们从来没见过。"

"啥是猫尾草？那东西能吃吗？"

"那么小的兔子能吃多少东西？一巴掌白菜叶就够了，那才几个钱啊。"

"就是，俺家的狗吃剩菜剩饭都活得好好的，为啥要单独给它们买东西？"

"俺是不相信，一个宠物吃的东西比人吃的东西都贵？"

……

面对此起彼伏的质疑声，服务队队员们没有丝毫泄气。他们知道，人们对于不了解、不熟悉的行业都不敢轻易尝试，更何况是朴实的农民，必须让他们最大程度地看见利润才行，"画饼充饥"在这里是行不通的。

分歧，在讨论中愈演愈烈，在几个月的时间里一直持续着。村民们想的是能够尽快地见到"现钱"，而服务队的宗旨是，给村庄打造一个有着独特优势而且能够长久发展的产业。

记得刚到村里的时候，有村"两委"班子成员提出，服务队带过来的200万资金以入股的方式注入周边采石场中。从村民的角度看，这样的想法也无可厚非。以200万的资金入股采石场，那么在当年就能够收回几万甚至十几万的利润。有了钱，大家就高兴了，工作不就见成效了吗？而对于服务队来说，这是万万不行的。一方面，这触及了相关政策的红线；另一方面，这违背了服务队的初衷。服务队思想坚定，必须要给每一个服务村都建立一个能够安身立命的自主产业，让村里的发展能够真正地源远流长。投资别的企业，也许能够在一两年的时间内迅速看见利润，可是村里说了不算，也不能带来就业，万一企业倒闭了，整个村庄又将回到原本贫穷的境地。

于是，他们苦口婆心地给大家讲政策、讲道理，有时候也会红脸、拍桌子，但是坚持原则不放松，没有找到合适的产业之前，那200万的拨款，任何人也不能动一分。

"绝对不能再给村里拉饥荒"，这是服务队的承诺。两年的时间，也许他们不能让一个村庄脱胎换骨，但要拼命给这个村庄找寻到一条光明的道路。两年之后，他们离开了，如果村子不但没有发展，反而又欠了别的债务，他们将有负于组织交代的任务，有负于这里的1000多个村民，更有负于"乡村振兴服务队"的名号。

一次次交流下来,队员们磨破了嘴皮子,打造以种植、加工苜蓿、猫尾草等为主的加工产业的想法,也没能够说服所有村民接受。但是,吴月军的思想已经转变了,他决定,先跟着去相关的企业看一看。

位于乐陵的这家企业也是贾春林推荐的,企业靠金银花起家,后来经省农科院的帮助逐步转为宠物饲料。六年多来,他们在宠物饲料种植和加工方面都积累了大量经验。而想在这方面发展,前张庄村很难独立打开市场,需要有其他企业的支持。

不再犹豫,几个人当即动身,当日赶到乐陵。在乐陵市润景农业科技有限公司,几个人见到了广阔的种植园,见到了规模庞大的加工车间,也见到了一辆一辆的大货车不断地向外运输着成品。吴月军第一次感觉到,这是一个值得一试的产业。企业负责人郭本新走过来笑着说:"别看宠物看起来不起眼,一个小小的龙猫在城市的商场里能卖到1000多块钱,品相好的卖到几千块的也不少。"

"这么贵?"吴月军瞪大了眼睛。"是啊,不要小瞧宠物的消费水平,比你我吃的都好呢。比如说这个猫尾草吧,一公斤能卖到四五十块钱,比人吃的菜贵多了。"吴月军问:"这么贵的东西,不吃不行吗?"负责人笑了:"老吴,你还别说,不吃真不行。不吃的话它的牙口和胃口都会出现问题,一旦出了问题去医院,可就不是几十块钱的事了,几千块钱不一定打得住。"吴月军听后也跟着笑了起来,这一下,他心里有底了。

企业在得知服务队和前张庄村的情况后,给了他们很大的帮助。实在的郭本新也告诉他们,仅就目前看来,整个山东既能够种植也能够生产和销售这些饲料的企业没有几家。市场巨大，可以说是完全不愁销路。"就怕你们以后做大了，自己创立品牌，就不卖给我们了。"

回去的路上，队员们异常开心。他们心照不宣，心里都长舒了一口气，将近半年不知疲倦的奔波，终于，这一次，他们找到了答案。

"老吴，我咋给你说的？咱们这次，不算白跑一趟吧。"

吴月军笑着点了点头，他仿佛看到了那个走向坦途的前张庄村。

回到村庄，经过多次沟通、讨论，主攻宠物饲草种植与加工的本草产业园项目逐渐成形、落地。2019年3月，成立了村办企业——宁阳丰汇农业发展有限公司。在前张庄村原废旧校舍处开始筹备建设240平方米的办公场所、500平方米的加工车间和1000平方米的仓储车间，5月份本草产业园的建设招标工作顺利完成，建设施工队伍入驻本草产业园。

但是，这仅仅是硬件设施的建设，更为关键的问题在于，谁来种植制作宠物饲料所需要的作物？

吴月军一个人的认可并不能在短时间内改变村民的看法，不管如何挨家挨户做工作，整个村庄依然没有人愿意把自己的土地拿出来，用来种植这些"奇奇怪怪"的作物。没有耕地，种不出原材料，就谈不上再加工和成品，这个产业也就不可能落地。

现实情况又给了他们沉重的一击，村民们的想法没有错，服务队也没有错。没有种植，就没有销售，没有销售，就没有效益，而没有效益，就没有人愿意拿出自己赖以生存的土地。产业发展再次进入了死循环。

大家脸上愁云密布,在小小的村委会办公室里,烟雾缭绕中,是令人焦虑的惆怅。过了很久,吴月军突然站起来,说道:"算了,大家不愿意干,俺来干。俺把自己家承包的土地拿出来,种苜蓿、种猫尾草、种金银花!"

听到这里,服务队队员们愣住了。他们的心情是激动的,他们的身体却是僵硬的。他们很想慷慨激昂地说上几句,可是不善言辞的性格使得他们找不到词汇;他们很想走上去拥抱老吴,可是山东人的含蓄让他们有些害羞。他们只是看着老吴,手里的香烟自顾自地燃着,他们的眼神里有激动、有感谢、有期待,也有疑问。老吴继续说道:"几个月和你们一起,俺是真服了。你们也就是待两年,两年之后你们走了,村子里变成什么样都和你们无关,村子里赚再多的钱你们也拿不走,可是你们还是这么上心,比俺这个村支书都上心。就凭这一点,这地俺来出。"

大家再也忍不住了,他们站起来,几个人的手紧紧地握在了一起。几个月的迷茫、寻找,几个月的探讨、争论,几个月的不安、忧愁,都在握得紧紧的手中化作乌有,剩下的,是火热,是激情,是信任,是未来。

一切准备就绪,他们即将大干一场!

五、二十天,铸就希望

经过紧锣密鼓的建设,前张庄村的本草产业园加工厂正式投

前张庄村本草产业园烘干车间投入使用

入使用。由吴月军牵头承包的一百多亩土地，种上了黑麦、苜蓿、猫尾草等作物。整个产业的组成部分基本搞定了，现在只差一步，也是最关键的一步，那就是烘干设备的安装、调试和使用。

这是整个产业必不可少的环节，也是极其重要的环节，是整个本草产业园发展的关键。从烘干设备的考察开始，就注定这是一场"硬仗"。

根据规划，本草产业园将来烘干的作物不仅限于宠物饲草，还要烘干中草药，所以对烘干设备的兼容性要求非常高。服务队带领村"两委"成员先后去了济南、德州、平邑和临朐，分别考察了以煤、电、太阳能、空气能为能源的近十家设备厂。每到一处对烘干设备的各项性能逐一了解,回来后认真研究讨论、分析对比,但是没有找到各方面条件都匹配的。

迟迟确定不了设备的来源,这让大家一筹莫展,而且价格问题所带来的分歧越来越大。

在九间棚考察时,服务队队员了解到他们烘干金银花所用的烘干设备是空气能的,但是价格比较高,生产厂家是江苏盐城的一家企业。

"用电的就可以,价格低,省下的帮扶资金可以更多地用到其他地方,而且在省内就能买到。"节约成本是邵卫东一贯的想法。

"九间棚发展金银花那么多年了,而且如此成功,他们舍近求远、不考虑成本去江苏订购设备,肯定有他们的道理。"高新昊对于空气能设备虽不了解,但心里一直这么琢磨。

高新昊将空气能设备的资料进行了汇报:"这种设备是利用空气能加热,比常规电阻丝加热省电40%,节能环保全自动操作,非常符合本草产业园烘干设备的要求。"

"我们去实地考察一下,不充分了解每种设备就不能做出最正确的决定。"队员间的分歧贾无看在眼里,他提议,"这个专业我们是外行,可以邀请专家一起去考察。"

经过几天的联系和准备,贾无带领服务队和村里企业负责人一起驱车到江苏考察。这一次,他们还邀请了省农机院副院长焦伟和贾春林、郭本新。一伙人没有直接去设备厂家,而是先来到一个大型菊花烘干厂,这家烘干厂正在使用的就是高新昊资料中介绍的那一种。硕大的厂房里,数台空气能设备在运转,贾无不停地向工作人员了解着设备的能耗、运转情况,查看着烘干产品的成色。他始终坚信,只有实地考察、亲身验证,才能够得到最真实的数据。

不断的询问、观察、记录之后,贾无招呼大家聚在一起,在工人有些"异样"的眼光中,围在人家的设备边,开了一次小小的现场会。

"全自动 PLC 操作,设定好程序不用管了,队长,这种设备好啊。"

"我大体算了一下,空气能设备能省电 40%,一年的电费就可以节约出一台设备。对于一个村庄来说,这可是一个大数目。"

"是啊,这么多天以来,前前后后看了好几种设备,俺们就觉得这种设备省钱省心还省劲。"

大家伙七嘴八舌地说着,贾无露出了笑容:"咱们服务队不但要为村里找到好的项目,还要为村里带来好的技术。既然大家意见一致,那咱们就定下啦,就要这种设备!"

2019 年底,前张庄村从江苏订购了烘干设备,计划于 2020 年初进行安装调试,乐观估计,很快就能够投入生产。

可是,突如其来的新冠疫情在半个月内席卷全国,各省各地逐步停工停产。按照上级组织的要求,服务队就地协助镇上进行疫情防控工作,本草产业园安装烘干设备的打算搁浅了。

服务队一边忙活着村内的疫情防控,一边还在思考着烘干设备的安装问题。前期已经投入了大量的资金,现在还没有见到什么利润收入,许多村民已经有了怨言。流言蜚语都是次要的,马上天气就热了,地里的苜蓿和猫尾草很快会迎来第一茬收割,如果那个时候烘干设备还不能投入使用，那么作物要么以极低的价格赶紧出售，要么就只能任它烂在地里。

望着已经长满作物的土地，队员们焦急而又无助。一面是不得不严防死守的新冠肺炎病毒，一面是不得不尽快加工出售的黑麦、苜蓿和猫尾草。他们必须要做一个选择，再拖下去，过了夏天，这上百亩的土地就产生不了任何价值了，他们上百万的投入将付诸东流，而"第一个吃螃蟹"的吴月军也将损失惨重。

必须尽快开工！大家商量，用尽所有的办法，尽快安装调试烘干设备。时间已经到了三月，疫情已经出现好转，经过与村委的沟通并请示上级组织同意，他们给江苏的厂家去了电话，约定一周之后，烘干设备进入村庄。

这像是一场没有硝烟的战争，服务队和村里制订了细致的工作方案，他们要确保万无一失。

几天后，一辆江苏牌照的大货车经过层层关卡，驶入了前张庄村的地界。货车上载着的就是这里盼望已久的烘干设备。先是给司机和技术员测量体温、登记信息，然后仔细地核验订单上的物品，对车辆进行细致的消毒处理。之后，他们让司机下车，就地进行隔离，然后由村里的司机开车进入村庄。

进入村庄的货车马上停进了厂房，开始紧张而忙碌的设备卸载和装机。为了防止过多接触，没有让村民们进入，只有邵卫东全程参与其中。

硕大的烘干设备和机房一点一点组装起来，足足有上百平方米。几天后，机房安装完毕，然后进行通电和调试。产业园的大门紧锁，所有接触设备的人都将铺盖搬到了这里，他们必须将自已隔离起来，以防万一。

二十天的时间里，他们完成了设备的安装；二十天的时间里，他们实行着自我隔离；二十天的时间里，他们学会了设备的使用；二十天的时间里，他们与这个占地仅几亩的园区，在一瞬间与世隔离，像是水蒸气一般，突然在村里"消失"了。

二十天日夜不停的煎熬，是服务队对于村庄的承诺；二十天轮流值守的奋斗，是服务队最初使命的坚守；二十天孤独寂寞的努力，是服务队奉献一切的写照。

二十天的试运转没有出现任何问题，二十天的隔离没有出现任何问题。早上，坚守了一夜的邵卫东从烘干车间里推出了第一车烘干成品，经过称重和检测，完全符合标准。邵卫东望着手里干燥的黑麦，就像是看着自己的孩子一样，心酸、激动、高兴、如释重负，仿佛在这一刻，所有的心血汗水突然变得甘甜起来。邵卫东给吴月军打去了电话："老吴，成品出来了，没有任何问题！"听着电话里颤抖而激动的话音，吴月军打开了封闭已久的园区大门。马上，一股茶叶的清香以万马奔腾般的气势冲了出来，这是希望的清香，这是胜利的清香，这是凝结了服务队队员和村"两委"班子共同心血的清香。

吴月军一把抓起那些薄脆而新鲜的黑麦，激动地说："咱们成功了！"是啊，成功了！他们成功了，时间给了最好的证明，他们最初和最终的坚守是正确的。几个已近中年的男人在这个燥热而狭小的烘干车间内，异常兴奋，激动与喜悦涌上每个人的心头，然后在车间的上空不断地徘徊着、发酵着，凝结成一股不可阻挡的热浪，冲出车间，冲出园区，奔向这个小小的村庄。

时间已经验证，产业已经建立，市场已经打开，剩下的，是吴月军和他的村民们将开始收获一沓沓实实在在的钞票，那是好日子的基础，那是乡村振兴的基石，那是给予村民信心和未来的巨大鼓舞。

六、看得见的好日子

2020年5月，天气已经有些炎热。吴月军像往常一样，起了个大早。来到村委会，他看见很多村民都已经聚集到了这里。吴月军诧异地看着大家："咋了？这一大清早的，不下地，围在这里干啥？"

看到书记到来，大家一起围了上来。

"书记，俺们想问一下，俺家的地也想种那个啥，苜蓿，行不？"一位年长的村民问。

吴月军稍微愣了一下："去年征求大家意见的时候，你家不是不种吗？"

问话的村民笑了起来："俺们那时候不是不知道嘛，谁承想这看着乱七八糟的草能赚这么多钱？这不，大家一合计，比种粮食强多了。是不是啊？"

立马，大家跟着一起附和。

"是啊，听说那东西一年能收好几茬呢。"

"对对对，也不用太操心，自己长得可好了。"

"而且鸟啥的也不来吃，省了很多麻烦。"

"听说村里这几个月就挣了 20 多万哩。"

"哪有那么少啊?我听说是 40 多万,合着一个月就赚 20 多万。"

……

人群逐渐骚动了起来,吴月军一挥手,打断了大家的讨论:"可不能乱说,咱们赚了多少钱就是多少钱,咱们公司这几个月一共就有 30 万元的收入,没有你们想的那么多。"

没想到,这句话一说出来,大家伙又跟着热闹起来。

"30 万,俺们家几十年都赚不了这些钱啊。"

"就是啊,30 万,能在城里给孩子买房了。"

"不光村里赚钱,在里面打工一个月都能赚到一千五六呢,比在外面还多。"

吴月军一看大家又聊起来了,赶紧再次打断大家。他转身打开了村委会的大门,把大家请了进来。

吴月军知道,这样的情况迟早会发生,但是他怎么也没想到,会来得如此迅速。因为他根本想象不到,村里的本草产业园竟能在短时间里创造出这么大的经济效益。

自从 3 月本草产业园的烘干设备安装完毕并投入使用到今天,满打满算,也就是两个月的时间。两个月的时间里,由村里创办的这个集体企业收入达到 30 万。这是这个小村庄多少年来都没有过的事情,30 万,会将前张庄村从一个入不敷出的集体变成一个银行都争着登门拜访的"存款大户",这就像一剂强心针,打在了每一个村民的身上。

吴月军还记得,当初他和服务队动员村民种植苜蓿和猫尾

前张庄村正在进行饲草收割

草,遭到了大多数人的反对。反对的声音让他们的内心有些发凉,但是你没有办法向所有人保证一定有更好的收益。"第一个吃螃蟹"的吴月军带头流转土地实际上也算是一场"赌博"。土地的收益怎么样?市场的效益怎么样?这都是未知数。而吴月军敢于赌一把的筹码就在于一年多来他与服务队朝夕相处过程中建立的信任。

从陌生到熟悉,从相识到相知,服务队队员们变成了这里特殊而又普通的村民。他们给村里带来的是信息,架起的是桥梁,注入的是信心,铺就的是更加光明的未来。

以苜蓿的种植为例。从秋天开始种植，第二年能收获3—5茬，每一次收获亩产在2000斤左右，使用烘干设备可以制成400多斤干草，一斤干草的价格平均在8块钱，一亩地收获一茬就有3200元的收益，按照4茬计算，播种的第二年就能有1.2万多元的收入。苜蓿的高产期一般在3—5年，如果管理得好，每年可以收到8茬。即便不使用烘干设备，自然晾晒制成干草捆，每亩也能有3000元左右的收入。

而另一种作物猫尾草则更加"值钱"。这种"娇贵"的植物不耐高温，一年仅可收获3茬，收入可以达到每亩1万多块钱。除此之外，他们还种植了6亩金银花，这个品种是省农科院农产品所的倪大鹏推荐的，首次收获已经带来了近2万元的收入。

不管如何计算，这些老百姓心中"不起眼"的"杂草"，能带来远远比粮食作物更高的经济收入。而这一切，村民们看在眼里，记在心里。大家开始后悔当初没有听从服务队的建议；大家开始相信，服务队是真正为村里谋发展，按照服务队的规划，前张庄村和村民们一定能过上更美好的日子。

61岁的吴敬省是村里的老书记，更是一名有着40年党龄的老党员。他在村里做过领路人，自己种过地、开过加工厂，也在外面打过工。今天，他多了一个新的身份——村集体企业的总经理。

"就这不到三个月，俺们光卖猫尾草就赚了14多万元。"吴敬省笑着说，因风吹日晒而变得黝黑的脸上挂着发自内心的微笑。1977年，刚刚成年的他当兵入伍，在部队里光荣地加入了中国共产党。退伍回村，他先是自己创办了一家企业，代加工项链等小产品。起初经济效益还可以，但是好景不长，随着市场竞争越来越激烈，劳动力集中的产业效益越来越差。无奈之下，他关闭了工厂，出去打工。随着年龄的增长，很多工作他已经无力承担，就回到村庄，打理自家的土地。直到2019年，村里创办了集体企业，他成了企业的负责人。

吴敬省的经历是很多农民故事的缩影。有一定的才能，但缺乏有效的市场信息，更没有闲余的资金投资，务农与外出打工成了唯一的谋生方式。因此，他们只能依靠村集体，依靠这片土地。

"一般像俺这么大年纪的农民，就只能在家种地。外面的工厂不要我们，自己的孩子都成家立业了，住在一起也不方便。从来没想过，这个年纪了还能在村子里有事干。"这是吴敬省的心里话。几个月以来，他早上五点天刚刚亮就出门，晚上七八点擦黑了才回家。辛苦归辛苦，他却找到了"家"的感觉。这是令他无比欣慰的，60多岁的年纪还能够建设自己的家乡和村庄，还能够在家门口有事干、挣点钱，满足与自豪令他每日的辛劳烟消云散。

吴敬省算了一笔账，算上他在内，现在在集体企业打工的最多的时候有50多个人，其中30多个是本村的，"其他村的人都想上俺们这里打工，俺们这几个月光开工资就小十万哩"。

崔永华就是这30多人中的一员。60岁的她在村子里生活了近40年，除了去城里孩子的家，她几乎没有离开过村庄。见到她的时候，她和村里的其他姊妹正在将烘干好的苜蓿进行打包装箱。朴实的她从脖子上面拽下毛巾，擦了擦脸上的汗水和手上的尘土，指了指不远处的一个院落，笑着说："那里就是俺家，有个什么事十来分钟就回去了,啥都不耽误。"崔永华和吴敬省一样,也在外地打过工。但是背井离乡的日子不舒服,和陌生人朝夕相处的日子不好过。每天早上,她都要走上十里路才能到达异地的工厂,中午也不能回家吃饭,随便吃一点自己带的饭菜应付一下。夏天还好说,冬天的时候,一上午下来热乎乎的饭菜早已变得冰凉,几乎难以下咽。一天忙碌的工作之后,她还要拖着疲倦的身躯再走上十里路回家,到家的时候天早就黑了。有的时候工厂里的活要得急,等加完班天早黑了,十几里的乡路,她就得摸黑回家,周围没有一点动静,伴随她的只有野狗的吠叫和蚊虫的叮咬,以及内心的害怕和不安。

一听说本草产业园开始招工,崔永华早早地就报了名。"在俺们自己村里干活,咱不受欺负,有啥事村里就给解决了。中午还能回去给老伴做个饭,晚上回到家还能看看电视。"

这是崔永华梦寐以求的生活,曾经似乎遥不可及,在服务队的帮助下,这一切变成了现实。而像崔永华这样的村民,在本草产业园,一个月最多的时候能赚到近2000块钱,平均下来也有1500块钱左右。

前张庄村的发展是东疏模式的一部分,它依托于东疏镇的整体规划,但又有着自己的独特之处。近年来,东疏镇围绕产业、人才、文化、生态和组织五大板块推动乡村振兴,每个村庄的发展都涵盖在内,各有侧重。因地制宜开发,根据村里的优势,充分发挥土地的作用,建设属于集体的产业,短时间内增加村子的收入,实现就地就业,这是前张庄村的发展侧重。而实际上,只有五大振兴共同推进,才有可能使前张庄村的发展顺利落地生根。

以组织振兴为例，起初本草产业园项目的确定和建设都遇到了很大的阻力，在服务队的建议下，前张庄村在集体企业内建立了党小组，吴敬省就是其中的一员。依靠党小组凝心聚力的作用，本草产业园的项目才得以顺利落地。有困难的时候，党小组冲在最前面；有疑惑的时候，党小组挨家挨户做工作；有问题的时候，党小组集体讨论，共同解决。这才是前张庄村产业振兴取得巨大成绩的基础。

梳理前张庄村乡村振兴的路子，因地制宜是解决问题的第一步。前张庄村体量小、基础弱、地理位置更加偏远，整个村庄没有集体企业，没有集体经济，也没有充足的劳动力。对于服务队来说，它就像是一张白纸，薄薄的白纸。因此，对于前张庄村的发展规划，服务队极为慎重。与很多村庄不同，他们的任务是在这张白纸上从第一笔开始绘制完美的蓝图。这一步，他们走得慎之又慎。放弃了设施农业，放弃了高额投资，放弃了一切难以把控的项目。在抉择的过程中，服务队绘就了从小着眼、逐步发展、步步为营的道路。同时，整个体系又有侧重。前张庄村没有集体收入，没有改善村居和未来建设的基础，因此，当务之急是恢复村集体经济，设计一个可持续发展的产业链条。当然，前张庄村也有自己的优势，那就是土地，极为肥沃的土地。这是产业振兴的基础，这是前张庄村赖以生存的基础。放弃土地做文章，搞虚空和夸大的一套，或者重新打造独立于土地之外的产业，都是舍本逐末。于是，以一产为基础、二产为重点、三产为远景的本草产业园应运而生，短短两个月的时间，为村集体创造了30万元的收入，带来了50个就业岗位。按照服务队的计划，下一步，本草产业园将逐步摆脱代销的营销模式，建立属于自己的品牌。当然，这需要长时间的发展，需要资本的不断积累，需要市场的不断开阔，需要技术的不断革新。我们相信，在不久的将来，这一切美好的设想，都会变成现实。因为，将近两年的实践已经证明，这条道路是正确的，这种模式更是可行的。

过程是艰辛的，充满了奉献与奋斗的精气神。灼热的日光一次次炙烤着他们的身体，无数的奔波一次次湿透了他们的衣衫，不断的失败一次次冲击着他们的精神。但是，炙烤中的奔波，重复的失败，却让他们的理想和信念愈加坚定。

结局是欣慰的，充满了芬芳与希望的喜悦。村集体有钱了，村"两委"可以挺起他们的腰杆；乡亲们就地就业了，他们不用再外出奔波；村民们手里有钱了，生活将会变得更加美好。

这就是前张庄村的故事。看得见的好日子，从那个拔地而起的本草产业园里，混合着烘干产生的清香与芬芳，渐渐地升起，慢慢地飘散，飘向这个小小的村庄，飘向村庄里的每一个村民，拂过他们脸上的笑容，穿过他们内心的喜悦，然后蔓延到村庄以外的远方，动情地向人们诉说……

邵卫东

"生产、生活、生态'三生同步'","调优一产、培育二产、激活三产"等规划愿景,使我从一个农业"小白"变成了一个乡村振兴的参与者、践行者。两年前,我成为省派宁阳乡村振兴服务队的一员,投身于乡村振兴前线。运筹帷幄的贾无队长、朴实无华的吴书记、笃行务实的高新昊以及其他队员都给我留下了深刻的印象,他们对待乡村振兴的态度深深感染了我,有了他们的帮助,我才能在乡村振兴的事业上大展拳脚,我们一起工作一起生活,有争吵也有喝彩。从调研、立项到建厂、上设备、出产品、找销路,眼见着村集体有了收入、村民的腰包也鼓了,我感到万分欣慰。服务队是一个团结的集体,我们互帮互助、团结协作,使各项工作都得以顺利推进,感谢我的队友们!只争朝夕,不负韶华!

附 2018年以来获得的荣誉

1. 2019年农业产业强镇示范建设单位
2. 2019年全国乡村治理示范村（赵茂村）
3. 山东省第二批乡村振兴"十百千"示范创建镇
4. 山东省第一批乡村振兴"十百千"示范创建村（胡茂村）
5. 2019年山东省美丽村居试点村（胡茂村）
6. 2019年山东省森林乡镇
7. 2019年山东省省级园林城镇
8. 2019年山东省乡村振兴专家服务基地（奶牛）
9. 国家和省级森林村居

    2019年国家森林乡村（胡茂村）

    2018山东省森林村居（刘茂村）

    2019山东省森林村居（庞庄村）

2020山东省森林村居（西张庄村）
10. 美丽乡村示范村
　　2019省级美丽乡村示范村（西张庄村）
　　2018市级美丽乡村示范村（赵茂村）
　　2019市级美丽乡村示范村（刘茂村）
　　2019县级美丽乡村示范村（前张庄村）
11. 泰安市乡村振兴示范区